サブ2.5医師が教える マラソン
自己ベスト最速達成メソッド

跑出你的最佳速度

馬拉松醫師教你成為最強市民跑者

諏訪通久◎著
周奕君◎譯

前言

我是膝關節專科的運動整形外科醫師，專門治療跑步障礙。（臺灣稱為運動醫學骨科）我以前完全沒有田徑運動的經驗，直到二〇一三年一場馬拉松比賽上，我與選手們一起跑在同一條賽道上，在遇到狀況時馬上幫選手進行醫療支援，才開啟了我的「跑步醫師」職涯。由於需要從容地待在馬拉松場上，我隨後也開始進行緩慢卻「長期且穩定」的跑步訓練。

半年後，我成為任職醫院附近實業團驛傳*的隨隊醫師。看診提早結束時，我會和領隊及教練一同前往運動場，探視受傷選手為了重返賽道的練習。有一天，教練對我說：「光看很無聊吧，一起來練習如何？」雖然我過去只打過網球和踢室內足球，不過開始慢跑之後，對於跑步稍微有了點自信。

然而這種毫無根據的自信，僅僅在跑了半圈之後就被擊垮了。如今回想起來，對手是頂尖的實業團選手，即使身體狀態才剛復原，也展現出絕非我這樣一名跑步門外漢能追得上的速度。我

*註：以公司行號名義出賽的職業隊伍道路接力賽。實業團為日本體育體制的中堅力量，日本企業從大學招募優秀運動員代表企業參加比賽，實業團會為運動員提供訓練與運動津貼，包括柔道、長跑、排球等個人與集體運動項目。驛傳又稱驛站接力賽（Road relay），是源自日本、由多人組隊的長距離接力賽。

嘗到了前所未有的挫折感，同時也燃起心中不想認輸的心情。

於是那天之後，我在「長期且穩定」的跑步訓練中，內心首度湧現出想「跑得更快」的強烈念頭。

在我堅持不懈地練習下，總算有了成果。我在二〇一四年初馬（第六十二回勝田全國馬拉松）達成Sub 3[*1]。為了更進一步接近國際跑者的水準，我以當時福岡國際馬拉松[*2]的參賽標準紀錄為目標，由於知道自己的速度遠遠不及，於是進行了補強弱點的練習。最終，在隔年的勝田馬拉松跑出兩小時四十分以內的成績。

我並不就此滿足，並將目光投向日本參賽門檻最嚴格的琵琶湖每日馬拉松[*3]。我在二〇一五年福岡國際馬拉松達成Sub 2.5之後，隔年二〇一六年成功挑戰關門時限嚴格的琵琶湖每日馬拉松；同年，在明治神宮外苑二十四小時超級馬拉松中取得五十公里組第三名，成為ＩＡＵ（International Association of Ultrarunners，國際超級馬拉松總會）五十公里組世界選手權的日本

＊註1：全程馬拉松的完賽時間在三小時以內。

＊註2：一九四七年以來舉辦至今，曾被譽為世界最速賽道。一九六七年為人類第一次突破馬拉松二小時十分，並有兩次世界紀錄於此誕生。二〇二〇年十月三日由世界田徑總會列為世界田徑遺產。

＊註3：日本歷史最悠久的馬拉松賽事，與東京馬拉松、福岡國際馬拉松合稱日本三大馬拉松賽事。

代表候補。並在二〇一七年第六十六回別府大分每日馬拉松中，寫下自己的最佳成績兩小時二十八分五十七秒。

我無可救藥地沉浸在跑步的樂趣之中。

然而，原本一帆風順的馬拉松之路，卻在二〇一七年八月一場交通事故中畫下句點。我經歷了好幾次阿基里斯腱（即跑者的生命線）的斷裂、縫合、再斷裂、重建等多次手術。一年下來，連簡單的步行都很困難，所幸在家人及身邊許多人的支持下，度過嚴峻的復健訓練，回復到可以慢跑的狀態。

身為一名醫師，我在平時門診、巡房、手術、值班的工作之外，撥出有限的練習時間，從「零跑步經驗兩年內達成Sub 2.5」的成績。乍看是「有效率」的結果，實際上，過程中須注意的事項相當多。我沒有田徑經驗，也缺乏相關知識，因此翻遍了各大運動雜誌及書籍，並一一嘗試其中建議的練習方式。雖然最終幸運地找到了適合自己的練習方式，但其實有大部分都不適合。我將自己的特質與習慣對照那些練習內容，反覆進行「微調」。那些內容都是足以扮演田徑賽事教練角色的生物力學（biomechanics）*，及人體運動表現的相關知識。在不斷嘗試錯之後，我

*註：運用力學法則以探討與解決生物醫學上的問題。

打造出了適合自己的練習方式，並掌握有效率的跑步姿勢。而這樣的「效率」，就展現在我從初馬到現在，所有比賽中都穩定保持在Sub 3（當中有三次是Sub 2.5）的成績。

對我來說最適合的練習方式，並不一定適合所有讀者。我想告訴讀者的，就是**如何將既有的練習模式轉換成最適合自己的訓練法**，像這樣為自己打造「半客製化練習」（semi-order-made）過程中所需要的**意識**和**動機**。這方法與其稱作近乎「人體實驗」，不如將之視為一種針對大部分跑步傷害所能想出最快復原，並預防復發的解決之道。我從關乎選手生命的阿基里斯腱斷裂傷害中一路走來，在書中，以運動整形外科醫師的專業彙整出跑步傷害的各種知識。

要達成個人的最佳成績，「踏實地繼續跑」是唯一的捷徑。正因如此，更要學習因應過程中可能的傷害及隨之而來的低潮。

這是一本來自一名運動整形外科醫師╳田徑教練╳Sub 2.5市民跑者的馬拉松觀察筆記。書中涵蓋預防跑步傷害的基本知識到跑出好成績的訣竅，同時結合了我的個人經驗，與相關領域最新見解。我有自信，本書內容不僅走在時代前沿，而且經得起考驗。

最後，若各位讀了這本書之後能達到「跑步零傷害」和「更新自己最佳成績」的成果，將令我感到無比喜悅。

目錄 Contents

第3章

如何避免「急性・慢性運動傷害」？

第4章 飲食與睡眠

第5章 正式比賽前的自我管理

第1章

給忙碌卻想「最快速×零傷害」刷新個人最佳時間的跑者

短期內達到最大效果

一天有二十四小時，一年有三百六十五天。

所有人被賦予的時間都是平等的。我們在這有限的時間中，為了生存，需要一定的飲食與睡眠，同時致力於學業及工作。

而在這之外的自由時間，通常會用來陪伴家人，或者從事自己的興趣。假使和實業團選手一樣跑步就是工作，或許確實能擁有充足的練習時間。不過對於包括我在內的大多數市民跑者來說，能騰出來進行訓練的時間並不多。

不只是受限於時間不夠，在訓練之外，要兼顧工作和家庭也很重要。

如果各位讀了這本書，並強烈希望提升自身的實力，相信每天都會認真進行訓練。可是要能夠持之以恆地訓練，絕對少不了家庭、職場同事等周遭親友的協助。「謝謝你們讓我能繼續跑步」，我經常懷抱這樣感謝的心情，迎接我所有的訓練和比賽。

對於我們這些市民跑者來說，「刷新個人最佳成績」固然重要，卻也因此更不能讓周圍的人感到困擾。明確地列出優先順序，可以讓生活保持彈性與活力，同時也是長期進行跑步訓練，率先要掌握的訣竅。

在有限的時間中，除了要兼顧工作與家庭，還要以達成自己的最佳成績為目標。直截了當地說，我們需要的是能在「短時間內達到最大效果的訓練法」。若做得到，想必一切都會變得更順利。

我從以前就相當早起，因此「清晨四～六點」基本上是我的訓練時間。不過這也是因為從業以來常有夜間手術或急診，有時擔心沒接到醫院打來的電話，才導致了這樣的作息。

「清晨四點起床太痛苦了！我沒辦法。」

一定有人這麼想。但我並不是要所有人都和我一樣進行清晨訓練，最重要的是，「**找到符合自己的生活作息，而且確定性高的訓練區間**」。

據說，人類的專注力能持續十五～四十五分鐘，因此太過冗長的訓練並沒有效率。

不是「找時間」練習，而是「確實保留時間」練習

不是「找時間」練習，事前「確實保留時間」很重要。乍看之下，兩者似乎在說一樣的事，其實差別很大。

為了在短期內提升速度，除了休息日，每天不懈怠的訓練非常關鍵。如果能讓訓練成為一種生活中的習慣，自己也能更輕鬆堅持下去。

「找時間」指的是在日常生活中撥出空閒來練習。例如「剛好工作比較早結束」「湊巧有個約會取消」，那就來跑步吧。這種情況下，訓練的順位不僅被排在了後頭，而且具有很大的不確定因素，如此一來，練習效率當然很差。「有時間才去做」，若抱著這樣的想法，很難讓訓練成為一種日常習慣。

另一方面，「確實保留時間」指的是在日常生活中預留明確的練習時間帶。「早餐前一小時」「工作結束回家前一小時」等等，在每一天的生活中規劃出「必須進行訓練的時間」。

即使保留的訓練時間和「找」出的時間一樣長，性質上卻是天差地遠。保留意味著訓練的優先順位排在前頭，是主動安排且時間明確，所以長期下來能累積最大的效果。

就算是社團活動，比起老是由教練或師長押著練習，自己主動積極地參與也會更快樂充實。我身為一名全職醫師，也同時持續著馬拉松的訓練。雖然不一定能確保自己擁有足夠的訓練時間，但我並不想半吊子似地找時間練習，讓自己難以持之以恆跑下去。

限制訓練時間，提高專注力

那麼，我是如何在兩年間達成Sub 2.5的目標呢？關鍵在於「時間製造法」。

我在當時任職的醫院中，大致上每天早上七點上班、晚上七點下班。如果再把用餐時間考慮進去，一整天下來差不多就用掉了「早上六點到晚上八點半」這段時間。

我也曾經盤算不吃早餐或是睡少一點，但站在醫師「必須對生命負起責任」的職業立場上，遲到或營養不良都是絕對不允許的。無論如何，最優先要考慮的是：絕對不能影響隔天的工作（這或許也是能夠不累積疲勞而持續進行訓練的原因之一）。

經過一番考量，「清晨四～六點」「晚上七點半～八點半」成了我的黃金時段。順帶一提，週末可以六或日選一天進行距離跑（長距離訓練），充當比賽練習。

一旦確認了週間的訓練時段，這些確實預留下來的時間就變得相當珍貴。不僅生活會因此變得更緊湊，並產生適度的緊張感，最後可以在充分掌握短時間內的專注訓練之後，自然而然地提升練跑效率。

相反地，其他時間可以去做訓練以外的事。清楚切換訓練的「ON／OFF」狀態，心情上也能變得更輕鬆。

即使是前來田徑運動員傷害專科診所就診的患者，也經常會聽到他們說：「太忙，沒時間訓練。」但如果能按照前面提到的模式進行，是有可能做到的。就算只有短短三十分鐘也無妨，重要的是，確實預留訓練時間，讓它成為自己日常作息的一部分。

愈跑愈快！成功跑者的「兩大特質」

經常有人問我：「沒有在短時間內**輕鬆**變快的方法嗎？」

的確，我們不一定要長時間跑上很長的距離，才能讓自己的速度變快。但是，我還從來沒聽過能**輕鬆**變快的方法。

馬拉松是一種考驗意志力的競技，過於放鬆愉快的情緒，將難以發揮真正的實力，而如此一來，等同輸給了自己。大多數情況下，我們可以在辛苦的練習中察覺自身的弱點，而那當中，其實也隱藏了刷新自己紀錄的關鍵。

至今我遇到過許許多多的跑者，他們當中有的是「明明持續訓練，紀錄卻停滯不前的跑者」，另一種是「沒太多訓練時間，仍然不斷提升個人成績的跑者」，這兩類跑者的訓練結果有著極大的差異。

①「單調的訓練」不容易進步

首先，訓練的內容是否經常變化呢？

老是苦惱成績停滯不前的跑者，通常每天會跑同一條路線與距離；而持續進步的跑者則大多會每天變換路線、距離，甚至配速。

具體來說，可以利用起伏的路線或山路、草地等多變的地形練跑，也可以進行越野跑。不僅可以鍛鍊身體不同部位的肌力與平衡，還能刺激並提升心肺功能，打造出能跑得更快的體質。此外，這也是避免我們對單調的訓練感到厭煩，繼續跑下去的好方法。

前述的訓練種類與搭配技巧，我會在第2章向各位更詳細解說。

②愈跑愈快的人很重視「身體管理」

再來是「身體管理」。

能夠有效提升速度的跑者，在訓練之外也會高度重視身體機能調整，及營養補充等面向。通常也會為了保持在最佳狀態，而改善原本的生活習慣。另外還會節制香菸、酒及咖啡等習慣性吸食或飲用的成癮物品，並採取均衡的飲食。關於身體管理，我會在第4章更進一步說明。

在此，希望讀者能務必謹記：「**跑步訓練不是只有跑步**」。想在有限的訓練時間內達到最大的效果，確實照顧好自己的身體很重要。

- 保持新鮮感，主動預留練習時間
- 重視身體管理

確實遵守這兩個原則，距離一口氣刷新個人最佳時間的目標也就不遠了。

個人最佳時間的條件2

如何預防受傷

為了更新自己的紀錄，每天跑步的各位讀者，應該多少都有過受傷的經驗吧。捧著這本書讀到現在的你，說不定正同時因為身上的疼痛而苦惱不已。

逐漸累積練習量、日漸增加訓練強度的情況下，自然也提高了受傷的風險。對於跑者來說，受傷其實在某種程度上也是無可避免的事。

但是，受傷的辛苦不僅僅來自身體上的疼痛。無法充分且盡興地跑步，也會讓內心出現「好不容易跑出來的實力又退步了」「也許沒辦法參加目標的賽事」等焦慮感。如此一來，這些累積的壓力也會對心理狀態造成危害。

說起來很慚愧，我身為醫師卻歷經各式各樣的跑步傷害。然而，我透過運動整形外科醫師在解剖及生物力學上的專業，並結合田徑教練的訓練理論與知識，不讓身體持續受這些傷害所苦，同時也讓身體盡可能在短期內復原。

透過許多運動傷害的經驗，我完全能理解受傷後煩惱不已的跑者們心情。而這不僅僅影響了我日後的職涯與比賽經歷，與此同時，也更促使我想將如何預防受傷的方法推廣給更多的跑者。

現在田徑運動員傷害專科門診中，已經有相應的治療，當然也有協助運動員打造預防復發的身體，以及重返賽道的訓練指導。

我希望這本書能幫助各位解決一個單純卻困難的問題，也就是我們為了刷新個人最佳時間，應該如何「持續進行不受傷的訓練」。

預防受傷的三個條件

如同在前言提到的，我完全是從零開始接觸馬拉松，還因此經歷了大大小小的跑步傷害。

我本身就熱愛運動。小學時打棒球，中學到大學打網球，當了醫生之後則愛上室內足球和水肺潛水（scuba diving），運動對我來說有如家常便飯，也因此培養出必需的基礎體力。

但我終究只是擅長球類運動，並沒有田徑或長距離跑步的經驗，完全無法想像跑上四九・一九五公里會是怎樣的感覺，我甚至連怎麼開始跑馬拉松都毫無頭緒。

無可奈何之下，只好先著手準備跑步時的穿著。上、下半身分別是我打網球或踢足球時穿的短袖運動上衣及短褲，鞋子則是足球用的熱身鞋。

要進行怎樣的練習才好？怎麼跑才跑得快？哪一種才是合適的跑鞋？由於我認識的人當中沒有跑者，只好自己上網搜尋資料，或是閱讀跑步相關書籍。

我並不清楚自己比較適合哪一種練習，所以先嘗試網路媒體上推薦的訓練法，再視自己的練習情況進行微幅調整，一步步打造出屬於自己的「半客製化練習」。我以自己來做「人體實驗」，反覆嘗試，試圖達到更好的練習成果。

基於運動整形外科醫師的專業，我很了解人體的構造，再加上我的職業原本就是幫患者「化苦為樂」，因此很快就沉浸在馬拉松世界的樂趣中。

接下來，我很幸運地在初馬破Sub 3之後，兩年內就達成Sub 2.5的目標。

或許有人會認為這和「本身運動經驗就很豐富」或「運動神經發達」有關。然而隱藏在好成績背後的，卻是我灌注在無數訓練中的時間和體力，以及在這些自我犧牲之外，來自身旁的人由衷的支持。

我也經歷過相當多的跑步傷害。在各種練習中，有的適合我們，有的不適合，而這都會影響每個人的速度與個人紀錄。因此，難以一概而論地說：「這樣做，就不會再受傷」，事實上也絕對沒有這種事。但是我憑藉自己的跑步經驗，加上長年為運動員看診、指導基礎動作，在此想向各位讀者傳達在預防受傷上，必須注意的「三個條件」。

①消除疲勞

首先是預防跑步傷害時不能忽略的「消除疲勞」。跑步是反覆同一動作的運動，容易對身體相同的部位造成危害。長期下來，就可能引發運動傷害。因此，我們要盡可能消除練習中累積的疲勞（休息），並攝取讓疲憊身體回復活力的飲食（營養）。

我相當推崇以下的思考模式，也就是將「訓練・休息・營養」視為整個練習系統中相互取得**平衡的三大支柱**。一旦增加訓練強度，就需要更多的休息並增加營養攝取；若因天氣等其他因素減少訓練，也要避免因過多的休息及營養，導致肥胖、跑步表現不理想。

②有效率的基礎動作

再來是「學會有效率的基礎動作」。這句話聽起來簡單，卻是相當深奧且複雜的問題。

話說回來，「有效率」究竟指的是什麼呢？以馬拉松來說，「效率」簡言之就是「減少浪費（體能），就不容易疲憊」。

要說明這一點，就要稍微談點解剖學與生物力學。

人體擁有快縮肌和慢縮肌兩種肌肉。快縮肌呈白色，爆發力佳，在短跑選手中相當發達；慢縮肌則呈紅色，持久力高，馬拉松選手在慢縮肌的比例較高且發達。也就是說，若能善用慢縮肌，就更有利於持久型運動。

人體共有六百多條骨骼肌，這些肌肉的大小都不同。各位是否曾想過，比起使用身體中較小的肌肉，使用較大的肌肉或許比較不容易疲勞？例如在腳的肌肉中，腓腸肌*這類小肌肉的爆發力雖然很好，但是缺乏持久力，如果一直使用腓腸肌蹬地跑步，雙腿很快便會不堪負荷。

反過來說，大腿後側肌群（大腿後側火腿肉）和臀部周圍較大的肌肉，擁有一定的力量與持久力，若能有效利用，跑到後半段還是可以維持住最高速或固定的配速。這也就是有效率的基礎跑姿。

肩胛骨和軀幹

人類走路時，雙腳會很自然地和手臂同步擺動；跑步時，雙臂的擺動速度則會加快且幅度變大。手臂由肱骨、肩胛骨和關節所構成，並與貫穿人體軀幹的脊髓相互連結。

換句話說，透過確實前後擺臂會產生推進力，而傳遞這股能量的肩胛骨角色就相當重要。刻

*註：gastrocnemius muscle，腿部最大的屈肌，俗稱小腿肚。

意充分轉動肩胛骨，也是良好、有效率的基礎動作重點。

此外，在脊椎和骨盆周圍軀幹保持穩定的情況下，上肢（肩關節到手指）與下肢（髖關節到腳趾）會進行諧調。如此一來，就能避免浪費體能，並產生足夠的推進力。

軀幹的訓練有很多類型，我自己在練習中比較重視其中四種：棒式撐體、反向棒式、側棒式和對角線支撐。由於這些練習不適合在室外進行，我通常會在起床後吃早餐前，或是晚餐前、就寢前每天進行十分鐘以上。這些訓練的效果並不會立竿見影，但差不多三個月之後，就能實際感受到速度訓練的穩定感，不僅GPS路跑錶減少了上下震動，左右腳的觸地時間也變得更平衡（第2章中會有更多關於軀幹訓練的詳細介紹）。

③挑選裝備

最後是挑選合適的跑步裝備。

在所有裝備當中，就屬連結地面與身體的「跑鞋、鞋墊、運動襪（包含緊身褲）」特別重要。其中又以跑鞋最重要。

各位是用哪些標準來挑選跑鞋呢？總共有幾雙跑鞋呢？有些跑者較重視設計（品牌與製造商），也有總是穿著不合適跑鞋進行訓練的跑者。

此外，跑鞋穿多久該換呢？大底（outsole）*磨損了、鞋尖破洞了，還是等到發薪日？在跑鞋的汰舊換新上有無數的標準和理由。

我會在後面幾章中，詳盡說明挑選跑鞋及善用裝備的方法。在這裡想先讓各位了解：**「跑鞋真正的壽命，結束在其避震能力降低時」**。

一旦跑鞋的避震效果變差，雙腳（下肢）就容易受到來自觸地推蹬時的衝擊。如果持續穿著不具避震效果的跑鞋訓練，也會逐漸累積運動傷害。

不過，從跑鞋外觀無法判斷避震效果好壞，也難以確知到底哪一天開始性能變差了。這種情況下，不妨就以「五百公里或半年」當作換鞋的粗略標準（也和使用頻率有關）。

不過，專業的跑鞋並不便宜，我想不少人或許會抱著「別浪費」的心態，持續穿同一雙跑鞋訓練。但是，我們絕對不能輕忽「跑鞋的壽命」所帶給身體的影響。

我自己也曾經把比賽鞋充當訓練鞋來穿，連下雨天都穿同一雙，結果不出所料，腳變得疼痛不已。當然，如果每天都穿著在堅硬的路面或起伏的山徑跑步，連雨天也不例外，跑鞋的壽命自然就更短了。

*註：大底主要是增加鞋子與地面的抓地力，也是第一層吸收地面衝擊的緩衝區。

此外，最好能在每一次訓練之後讓跑鞋休息四十八小時，使其回復避震性能。如果擁有兩雙以上的跑鞋，建議不要每天穿同一雙跑，可以有效延長跑鞋的壽命。

第2章

「最短時間內達到最大效果」的訓練法

有效率的基本訓練原則

提升訓練效果的五個原則

在第2章，要向各位具體解說結合跑步訓練法及訓練菜單的組合練習。然而，如果我們只是一味去實行別人推薦的訓練菜單，很難獲得好的訓練成效。「為什麼要做這個訓練？」「到底什麼是馬拉松訓練？」確實理解這兩個問題之後，就可以進一步打造出最適用在自己身上的「最強半客製化訓練」。

首先要介紹，為了達到最佳訓練效果的「五個原則」——全面性、個別性、漸進性、意識性、反覆性。

全面性指的是「不偏向任何一方的良好平衡狀態」。以一般的慢跑為主，搭配間歇跑、配速跑、距離跑等組合進行訓練，目的在克服自身的弱點，並進一步強化跑步技巧。

個別性是要挑選適合自身程度與目的的訓練。對於網路媒體的資訊切忌囫圇吞棗，僅止於參考就好，重點是配合自己的特質來進行訓練。

漸進性則是緩慢且循序漸進地增加練習的質與量，以提升實力，而且要進行符合自己能力的訓練，這和個別性有點類似。也要避免跑步傷害及過度訓練症候群。

意識性在於讓訓練的目的更具體明確，如果是主動且集中精神進行的訓練，效率會更好！例如在肌力訓練上就有研究顯示，當我們將注意力集中在鍛鍊肌肉，身體會分泌成長荷爾蒙，有效提升訓練效果。

最後是**反覆性**。如同字面所述，唯有不斷反覆練習才能累積實力。賽事即將到來時，即使在短時間內增強訓練強度，也難以提高個人紀錄。所以不妨專注在日常的練習上，穩紮穩打地迎接比賽。

關於訓練法：集中法與分散法

訓練法大致可分為兩種。

第一種是「**集中法**」，這是一種幾乎不休息，專注進行單一訓練的訓練法。以馬拉松來說，建議運用在改善跑姿的基本動作練習。訓練過程中也需要保持高度的專注力與意志力。

第二種是「**分散法**」，這是分散訓練內容，能獲得充分休息的方法。教練式領導理論

（coaching leadership）中也認為，這種方法可以達到較好的效果。比起冗長的訓練過程，主題明確、短時間內快速完成，也可在進行下一主題訓練前獲得充分的休息。

交替進行自己不擅長和擅長的訓練項目，也是相當有效的手法。把自己在不擅長的訓練項目中耗費掉的體力，在進行擅長的項目階段中恢復，然後再接受下一個不擅長的項目訓練。過程中也可以不時給自己一些達成訓練的犒賞。

體能訓練（意志力）和技巧訓練（基礎動作）在建構的方法上並不相同。前者透過訓練讓身體累積一定的負荷，並在充分休養之後，讓身體於一段時間內產生「超恢復」（超越性恢復，恢復到超越原本能力）的效果；後者則是在反覆且澈底的練習過程中不斷嘗試，然後在某個時間點頓悟技巧的要義。此時，身體也已經記憶下你每一次的努力。

簡單來說，體能訓練需要花費莫大的時間與精力，而關鍵在於持之以恆的毅力。然而，像矯正跑姿這種需要身體記憶的技能訓練，卻完全無法「花幾個月慢慢學就會了」。比起來，約一星期的短期專注訓練，更能快速有效率地掌握跑步技巧。

換句話說，**在有效的訓練時間中，將時間分配在何種項目上**，對於想快速增強實力的跑者來說相當重要。

目標賽事的訓練課表規劃

中長期訓練規劃（分期訓練）

在馬拉松訓練當中，「分期訓練」的規劃很重要。

我們不會一年到頭都在比賽，因此可以分成：在目標賽事前的**準備期**；體驗其他賽事的**觀摩期**；以及賽後恢復體能、朝新目標前進的**過渡期**。

以日本馬拉松來說，**準備期**在七～十月，**觀摩期**在十一～三月，**過渡期**在四～六月間。

將前一年比賽中發現的問題，包括擅長與不擅長的地方、適應天氣變化的能力等加以評估，並具體列出接下來的因應對策及各期間須進行的訓練。如果無視之前的比賽，只是一味進行相同的練習，不僅無法轉換賽後情緒，加上一年時間轉眼即逝，實在難以比前一年更進步。

在過渡期，我們要消除上一季中高負荷練習與賽事所留下來的疲勞，並進行自我反省與調整；過渡期到準備期，可以慢慢加入重點練習（較高強度的練習）等項目；進入觀摩期之後，可以透過十公里或半馬等小型比賽找回**比賽感**，並在目標賽事之前調整好身體狀況。如果能設定三個月、一個月或兩週等更短期的目標，並依照實際訓練後的疲勞程度，在進入下一「期」目標前微幅修正，則會更理想。

我的訓練課表

在此也和各位分享我所進行的分期訓練課表。四月到六月（日本春季）*的過渡期間是適合跑步的天氣，可以加入長距離跑的基礎項目；夏季之後的練習，則是為了提高長距離速度的持久力。

七月~九月間的高溫及溼度上升，容易引發中暑，建議以短程的速度練習為主，例如「間歇跑」或「重複跑」這類型的練習（詳細內容見後章說明）。春季時可以鍛鍊雙腳和心肺機能，同時養成速度，此一時期，建議可在涼爽的準高地或蔭涼處多的矮山進行越野跑。

十月之後天氣稍微轉涼了，不妨開始進行觀摩期的準備。十一月就可以依照賽事目標，採取更快的配速跑參加半馬或十公里賽也不錯。

*註：臺灣六月分天氣炎熱，有中暑危險，進行訓練時建議前往山地。

如果都實行一樣的訓練內容，不僅身體會逐漸習慣，進步也會變慢。另一方面，適合在涼爽四月進行的訓練，若放在炎熱的八月，會造成身體過大的負擔。

我們常說一句話：「適才適所」（將恰當的人放在最恰當的位置上），因此在因應氣候變化，以至適當規劃目標賽事前的訓練非常重要。

各位不妨嘗試從目標的賽事回推，在每一段練習期間設下希望達成的目標。

短期訓練規劃：以週～日為單位

重點練習

一般來說，現代的馬拉松訓練大多以「重點練習」為軸心，規劃每週的訓練菜單。所謂重點練習，簡單來說就是較嚴苛的練習。讓身體透過速度訓練，逐漸增強負荷量，也就是以提升跑步能力為主要目標的訓練。

例如對於個人最佳時間為三小時十五分的人來說，下一季要達成的目標就是Sub 3。簡單計算下來，要達成Sub 3的成績，必須維持一公里四分十五秒的配速跑完四二・一九五公里。但是在一般慢跑中，要維持這樣的配速相當困難，很可能才跑幾公里就已經筋疲力盡。若光是日常練習中就難以達成的目標，就更不用說比賽了。

因此，每週要實行兩次強度較高的重點練習，讓身體逐漸習慣練習中的速度和距離。例如在一千公尺×七回的間歇跑中，目標設定為一公里保持在三分三十五秒～四十秒的配速；一萬二千公尺的配速走，則是一公里維持在三分五十五秒～四分。

然而，並不是做愈多重點練習愈好。雖說這是為了提升身體的體能負荷量，也很容易對身體造成更大的傷害。

從經驗上來說，每週三次的重點練習會產生巨大的疲勞感，導致強度都還沒提升，通常就半途而廢了。因此建議每週兩次就好。

基礎訓練（慢跑）

如前面所提到，我們不可能每天進行高強度的重點練習。但是每週只跑兩次，也沒辦法有效提升跑步能力。因此，還須要進行「基礎訓練（慢跑）」，也稱做「強化期的銜接」。

每週兩次的重點練習，基本上是以週末的距離跑為主，週間則搭配低強度的慢跑等基礎練習來維持跑量。為了不讓自己受疲勞影響，保持重點練習的專注力，請務必花一～兩天進行充分的休養。

基礎練習是一種讓人們「不受每一天的壓力影響，也不讓疲勞累積身心，同時持之以恆」的訓練法，這在馬拉松的練習上很重要。

在基礎練習的設定上，雖然會隨著跑者當下的實力及目標而轉變，但不妨在身體習慣之前先開始三十分鐘的慢跑吧。在固定配速中感受到充實感和疲勞感的同時，就可以慢慢提高練習強度。儘管如此，還是要必須保持在不囤積疲勞的強度之內，而且嚴禁過度訓練。一旦發現重點練習後遲遲無法消除疲勞，提早喊停也沒關係。

「今天跑十公里吧！」光是設定目標距離，卻不設定「目標時間」，很可能會發生勉強自己跑完全程的情形。一旦察覺自己「步伐變得沉重，身體也更疲憊了」，而且明顯掉速，只要設定的時間一到，就可以在中途先停下來。順帶一提，我會視情況將目標時間設定在六十～八十分鐘。

雖然只是消除疲勞的基礎練習，設定目標卻很重要。例如跑步時盡可能不看手錶，保持固定的配速、培養節奏感、同時變化步頻（pitch）、盡可能減少跑步時重心上下移動，摸索自己的跑姿。「讓自己跑得停不下來」「練習補給水分卻不停下腳步」，一步步做好達成目標的充分準備。

基礎練習的結束方式也很重要。昨天練習、今天練習、明天繼續練習，我們在如此緊湊的練習時程中一定會累積疲勞，而且即使只是輕鬆慢跑，也可能讓攸關跑姿的關節可動域（range of motion）變窄。因此，不妨在練習最後的五十公尺內，透過一～二種速度的變化來轉換跑姿，也為明天之後的重點練習預作準備。這個時候心跳數會短暫增加，並產生「最後衝刺」的充實感。

訓練類型

雖說是馬拉松訓練，但光是鼓足勁地跑上很長的距離，還是無法提升實力。過去馬拉松跑者在日積月累的練習中，逐漸確立出各式各樣的訓練法，而這些訓練法當中，各有其訓練目的與效果。讀者們不妨依據自身的跑步能力，以及強化弱點，選擇最適合自己的訓練方式。

慢跑（目的：打基礎、檢測跑姿與觸地感、消除疲勞）

我在前面已經介紹過慢跑，不過若說馬拉松的練習是「從慢跑開始，從慢跑結束」，一點也不為過。我也是在訓練過程中才深切感受到這件事。

我曾在日本全國企業的新年接力賽中，擔任出賽隊伍的隨隊醫師，並與其他隊伍共同集訓。

一般人常以為擁有頂尖實力的選手，多半只重視特殊項目的訓練或速度訓練，其實這完全是錯誤的印象。儘管這些選手在重點練習時的設定配速相當快，但訓練菜單的內容和一般跑者並沒有什麼差異。

我想這樣的印象或許是來自於，這些頂尖選手即使只是在慢跑，仍然非常專注且投入。我自己也是如此，就算已經是相當習慣的配速了，還是經常得確認觸地感與跑姿。

我們在重點練習或距離跑時會累積相當多的疲勞，很容易出現失去平衡或施力點錯誤的跑姿。此時確實需要修正跑姿，才能迎向下一個訓練項目。而為了持續訓練，就要打造不容易受傷的身體。絕對不能輕忽作為跑步基礎練習的慢跑，這也是成就頂尖選手相當重要的關鍵。

我從許多實力堅強的選手中深深感受到，愈是優秀的選手，愈重視飲食、休息、睡眠、按摩（身體護理）等自主管理，以及跑步前後的暖身、放鬆等基礎練習。

令人印象深刻的是，他們也很用心照顧遲早要退役淘汰的跑鞋。我認為他們的傑出，正表現在那些顯而易見的事情之外，重視所有細節，才能締造出如今的成績。

我們在跑步時，跑鞋、運動襪、緊身褲、運動服、太陽眼鏡、帽子、補給品等穿在身上或隨身攜帶使用的物品，總是守護著我們完成每一場比賽。只要平常加以留心照顧這些物品，它們必定能在你需要的時刻助你一臂之力。

間歇跑（目的：提升心肺能力、習慣速度）

間歇跑指的是快速跑一定的距離之後，稍微休息（間歇），再接著跑同樣的距離，不斷循環的跑步訓練法。

建議在四百公尺的田徑跑道上，高強度跑一千公尺，接著放鬆跑二百公尺，總共重複八～十組的間歇跑。

在四百公尺的跑道上跑兩圈半是一千公尺，再慢跑兩百公尺就回到一開始的起跑點，然後開始第二組。如果想進行更高強度的間歇跑，也可以四百公尺（間歇一百公尺）×〇組代替，不過考量到馬拉松比賽的特性，還是以一千公尺為佳。

間歇跑的優點是，一個人練習也能使用開放的田徑跑道。如果跑在太硬的路面，會增加身體負荷，因此就算練習地點稍遠也沒關係，還是建議在柔軟的跑道上練習比較好。

附近都沒有類似設施的情況下，也可以在安全性較高的柏油路面練習，但是要非常注意能見度差的轉彎處及高低差，以及來往行人。

配速設定上則依個人的程度而定，大致保持在比全馬的目標配速每公里快三十秒的配速即可。由於是以提升心肺能力與習慣速度為目的，必須明確掌握自己能操作的組數。如果沒辦法單獨跑，可以和實力接近的跑者一起進行。

重複跑（目的：提升心肺能力、習慣速度）

距離更長的項目還有重複跑。這是以更高強度跑，間歇十五～二十分鐘休息，總共進行三組的訓練法。重複跑的重點在於可以休息到體力完全恢復的狀態，再專注進行下一組。

在進行重複跑時，心跳數會上升，身體負擔雖大，卻可以鍛鍊意志力與速耐力。重複跑在間歇時間可以完全休息，每一次發揮的都是自己完全的力量，因此和提升絕對速度有關。此外，由於是在短時間內將速度提升到最快的狀態，心跳數也會在瞬間上升，能有效強化心肺功能。

配速跑（目的：培養「速耐力」）

配速跑也是馬拉松練習中很有用的訓練法。跑者採取比比賽時每公里快十秒的配速進行，並因應個人跑步能力跑十～二十公里。

這個訓練之所以要保持在一定的配速，是為了培養跑馬拉松很重要的「速耐力」。維持在設定的速度，保留體力的同時，雖稍感痛苦仍堅持跑完。和間歇跑一樣，如果不習慣單獨練習，不妨多人一起跑。也很適合運用在練習賽與目標賽事。

距離跑和LSD（目的：增強耐力）

距離跑（也包含長程距離跑）一如其字面上的意思，即長時間、進行一定距離的持續訓練法。大致上採取比比賽配速慢一分～一分三十秒的配速跑二～三小時。另一種是LSD（Long Slow Distance，長距離慢跑），這種訓練是以輕鬆的配速完成既定跑量，來達到馬拉松需要的肌肉穩定感及強化足部微血管，並增強持久力。在以時間和距離緩緩提升耐力的同時，也有安定心理狀態的效果。訓練過程中，要相當注意脫水、中暑和體溫過低的現象，過程中也要隨時補給。

每個月一次計時賽（目的：確實感受成長、維持動機）

訓練一段時間之後，內心多少都會產生不安：「真的有變快嗎？」「這訓練有用嗎？」自然而然會想確認訓練的效果。

不妨試著每年參加同一場賽事，在氣候等條件大致相同的情況下比較個人成績，感受自身實力的成長。我自己由於想更快確認，因此每個月都會進行一次個人計時賽。

首先，挑選沒有紅綠燈等交通號誌較安全的路線，距離最多十公里，建議在自行車道或湖岸周圍。仔細感受並比較每公里的配速、心跳數、賽中心肺的變化，以及完賽後的疲勞感。即使只是短期的目標也能有效提高動機，讓自己打起精神進行每一天的訓練。

準高地訓練（目的：夏季的高強度訓練）

夏季的炎熱容易導致練習效率低落，因此可以改移到海拔較高的涼爽高地進行練習。以日本來說，可以選像是海拔較高的富士山山頂，不過這也有氧氣稀薄的問題，因此建議一千五百～二千公尺左右的準高地即可。準高地的氣溫比起平地下降約五度以上，可以在身體較舒適的情況下練習。許多實業團選手會在關東一帶的菅平高原（長野縣）和飛驒御嶽高原（岐阜縣），進行簡單且溫和的低氧訓練。如果加入山徑或田徑越野跑等項目，練習過程也會變得更多元豐富。

交叉訓練

在馬拉松跑者當中，許多人和我一樣是「每天都想跑」的狂熱跑者。正在閱讀本書的各位是否也是同好呢？

但是，如果未經充分的休養就進行訓練，不僅會累積過多的疲勞，也可能出現低潮，並引發過度訓練症候群甚至還會引起因長時間使用相同肌肉的慢性肌腱炎，以及疲勞性骨折等跑步傷害。

建議每週安排一天進行按摩或伸展，讓身體獲得充分的放鬆。另一天則不妨在道路以外的場地進行「交叉訓練」。

交叉訓練的內容主要包括有肌力訓練、暖身、游泳、跑步機、飛輪健身車或騎自行車等等。除了自行車，其他活動都能在室內進行。不管是雨天、大熱天還是寒流來襲，都能在家裡輕鬆進行。

交叉訓練有很多選擇，可以挑選自己喜歡的幾項來做。像我通常會騎自行車上班，在工作時間還能進行訓練，可說是一舉兩得。騎自行車或飛輪健身車的負擔較輕，且能透過增加迴轉數，讓腿足動作更流暢，短時間內心跳數增加也有利於跑馬拉松。此外，用腳尖踩踏自行車的腳踏板可以鍛鍊小腿肚，用腳跟踩踏則可以鍛鍊到大腿後側肌群。

在健身房等場所使用跑步機也是一大重點。一般來說，跑步機是在跑帶迴轉下，帶動跑者的腳往前移動。不過乍看是在跑步，實際上雙腳卻沒有扎實著地來推蹬地面前進。因此，我們除了設定跑步機的時間和速度，還可以試著調高跑帶的傾斜度。大多數人習慣跑在平坦的跑帶上，不過只要稍微**傾斜二～三％**，就能有效提升訓練效率。這樣一來，沒有踩在地面就能訓練跑姿，也更接近跑在路面的感覺。最近也有無動力跑步機，亦即靠自己的腿推蹬輸送帶移動的一種訓練法。由於這種練習更接近實際比賽時的跑姿，也被認為具有調整跑姿的功能。

前述的幾種練習都是為了消除身體所累積的疲勞，因此要盡可能在自己不感到勉強的情況下進行。

山徑越野跑、越野跑、橡膠跑道、山路跑（效果：綜合性鍛鍊下肢）

各位平常會在哪裡練跑呢？

我想，在一般道路（水泥路面）上跑步的跑者還是占大多數吧。不只是因為一出門就能開始跑，說起來還是因為家附近沒有太多練跑場所。

如果從加重下肢負擔、引發跑步傷害的觀點來看，除了馬路，還有很多地面適合跑步。對身體造成負擔較低的路面，依序為：「草地、泥土地、人工跑道*、馬路」。之所以「對身體下肢造成的負擔較大」，主要原因是「硬度」。堅硬的地面會帶來較大的反作用力，雖然速度也會變快，身體卻同時承受了更大的衝擊力。

相反的，柔軟的草地（山徑越野跑）造成的衝擊力較小，適合消除疲勞及放鬆時的跑步。加上反作用力小，腳必須確實著地才能前進，也很適合用來矯正跑姿。

泥土地或人工跑道的環繞路線，則有助於間歇跑的訓練。

炎夏時節，大多數跑者會參加涼爽的山徑越野跑或去山上路跑。透過反覆的坡度起伏，可以對下肢進行跑馬拉松時需要的綜合性訓練，尤其是跑在著地處不平坦的山徑等地點，能同時打造穩定的體幹。

梯子、跳繩、跳箱（效果：提升敏捷度）

其他推薦的交叉訓練，還有利用跳繩或記號盤進行的敏捷度訓練。我會透過這種訓練來強化

*註：人工跑道包括常見於田徑場上以聚氨酯材料鋪設的塑膠跑道，以及近年常見的橡膠材質跑道。

髖關節與周圍肌群的連動性，下肢的柔軟度也因此變得更好。跳繩和跳箱可以訓練反應和瞬間爆發力。乍看之下是和馬拉松毫無關聯的訓練，背後卻藏有足以克服身體弱點的關鍵。而廣受小學生喜愛的跳繩，也有稍微緩和練習時嚴肅氣氛的效果。

跑者需要肌力訓練嗎？

「跑步時會用到的肌肉，可以利用跑步來鍛鍊。」

這句話只對了一部分。所謂「一部分」，大體來說就是，排除無用的之後所剩下來的有效訓練。也就是說，就算我們經常跑步，還是有非常多肌肉沒辦法鍛鍊到。其中一種練不到的肌肉就是軀幹肌（核心肌群），這是形成身體支幹的脊椎周圍與骨盆周圍的肌肉總稱。這類肌肉位在身體軀幹中心，需要有意識地刺激並強化。

核心肌群訓練這幾年來很風行，種類也相當多。在這些訓練當中，我認為最重要的，是能夠打造穩定且有效率的跑步姿勢，針對軀幹與髖關節周圍的肌力訓練。接下來向各位進一步介紹。

髖關節外轉肌（臀中肌）

這是在髖關節朝外伸展時使用的肌肉。臀中肌若無力，單腳站立時骨盆會朝另一側傾斜，平衡感下降，會增加上半身的負擔，並影響身體能量轉換的效率。

要鍛鍊這種肌肉，可以側躺在地，將腿的外側朝天花板抬舉（參考第五十三頁圖）。重點在於，膝關節要完全伸直，身體不要打開朝向天花板，下方的腿和腳要內旋（朝內側屈起，腳趾朝下）。

如有餘裕，可以再朝髖關節後方伸展。重點是鍛鍊後方的肌纖維，不妨盡可能朝上伸展。

無論是哪一種肌力訓練，都有一個共通點：緩慢地進行伸展，以避免反作用力衝擊。到達伸展極限時，不要立刻放下肢體，而是先靜止五秒，接著比伸展時更緩慢地回復動作。這在醫學上來說叫做離心收縮，肌肉在被拉長同時收縮的過程中，可以承受起更高的負荷量。

髖關節內轉肌

這是髖關節朝內收起時會使用到的肌肉，和外轉肌的臀中肌是一組拮抗肌。針對某個想鍛鍊的肌肉部位的拮抗肌進行訓練，也是肌力訓練的重點。

坐在椅子上，將直徑約四十公分的平衡球夾在雙膝之間，像要擠破球一樣慢慢靠攏膝蓋（參考第五十三頁圖），讓球保持在被擠壓的狀態約五秒，接著，緩慢地讓膝蓋回復到原本的位置（球不落地）。此外，將意識專注在想鍛鍊的肌肉上，能更有效強化肌力。

髖關節外旋肌（臀大肌）

這個伸展動作不太容易說明，這是一種側躺在地，雙腳併攏，膝蓋朝天花板方伸展的訓練（參考第五十三頁圖）。膝蓋呈九十度屈起，在膝上五公分左右，以類似橡皮筋的伸縮帶環繞起雙腿，並開始伸展。務必確認此時臀部肌肉為緊繃狀態。如此一來，才能確實鍛鍊到目標肌群。接著，將意識專注於想要鍛鍊的肌群上，效果就會倍增。

腳趾的肌肉

如果能好好運用腳趾，抓地會更有力，也有保護（從高強度訓練及疲勞中恢復）腳底三個足弓（橫足弓・內側縱弓・外側縱弓）的作用。像是捲毛巾運動這種彎曲腳趾抓毛巾的簡單動作，長期做下來就有顯著的效果。我原本也是半信半疑，結果才過半年，足部就變得不容易疲勞，連足底筋膜炎的腳底痛都改善了。也可以將毛巾沾溼後進行，或在一端放置五百毫升的寶特瓶調節負荷量。

嚴選的軀幹訓練

在各式各樣的運動中，鍛鍊「身體核心」都是不能忽視的重點。但因為核心肌群位在身體中心部分，不但難以觸及，也很難確實感受到。

要鍛鍊這類肌肉，最重要的是，「如何讓自己保持在正確的姿勢而不移動」。我曾實行數十種核心肌群訓練，都是一個人也可以做的練習。以下介紹其中四種最能感受到明顯效果的訓練。

棒式

這是由兩前臂和腳尖著地，並以此支撐身體的肌力訓練法。重點在於，腹肌和背肌間（丹田）要用力，讓頭部到腳呈一直線棒狀固定（參考第五十七頁圖）。

我讓丹田（肚臍下方）到穿過髂腰肌（大腿前側靠近恥骨的位置）的大腿股四頭肌這一段肌

髖關節外轉肌

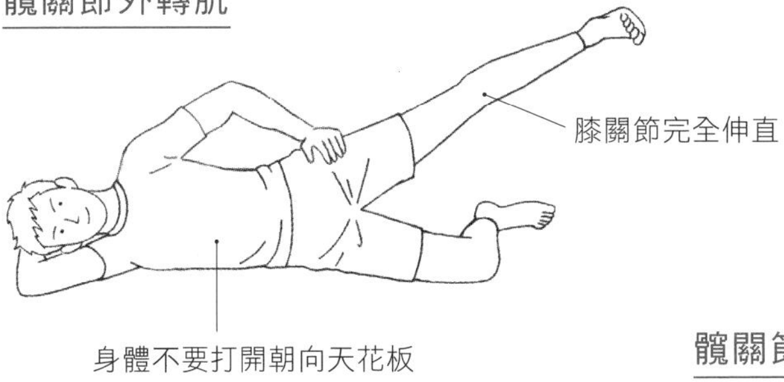
膝關節完全伸直
身體不要打開朝向天花板

髖關節內轉肌

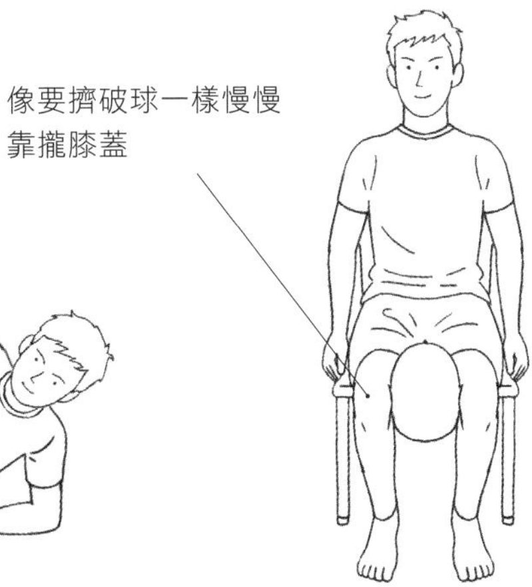
像要擠破球一樣慢慢
靠攏膝蓋

髖關節外旋肌

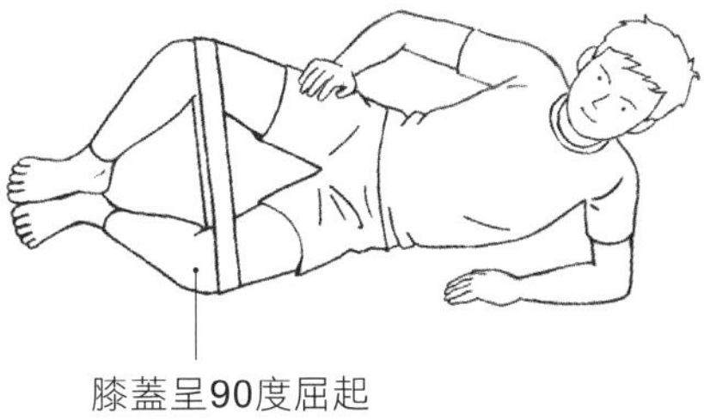
膝蓋呈90度屈起

腳趾的肌肉

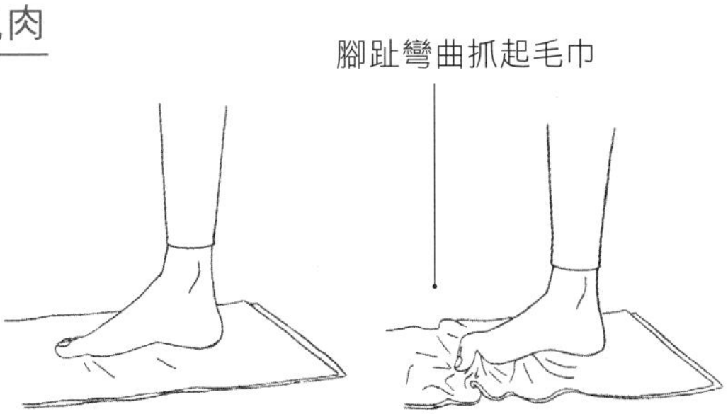
腳趾彎曲抓起毛巾

肉用力撐起身體。

開始感到難受時，如果沒有確實將背肌和背骨周圍脊柱的豎脊肌保持用力挺直，腰部就會往下掉，接著會因累積的疲勞，引來腰部抬起的代償動作。

保持固定姿勢兩分鐘以上，並避免因單腳稍微抬起或移動而破壞平衡，是一種難度較高的訓練形式。

反向棒式

如同字面上的意思，這是一種和棒式相反的肌力訓練法。臉朝上，以兩手和腳跟接觸地面，將身體支撐起來（參考第五十七頁圖）。和棒式一樣，反向棒式也要非常注意姿勢。要小心頭容易抬起，導致身體往後凸。

我會將臀大肌到大腿後側肌群的肌肉保持在緊繃狀態，建議可在一側放鏡子，確認姿勢的平衡及身體是否保持筆直。無論是棒式或反向棒式，都要盡量避免用前臂支撐。我會想像手臂下方鋪著一排排的劍山*。

*註：日式插花用具，底盤上的針尖多以不鏽鋼製。

側棒式

這是一種用右前臂及右腳外側，或左前臂及左腳外側，將身體支撐起來的肌力訓練法（參考第五十七頁圖）。不過，在使用非慣用手支撐身體時要非常注意避免受傷。在鍛鍊腹斜肌的同時，也可以刺激呼吸肌群的肋間肌。請一邊緩緩深呼吸，一邊感受肋骨與肋骨之間肌肉的伸展。

我在進行這項肌力訓練時，很大程度改善了我一直以來駝背的習慣，也能使用更正確的姿勢輕鬆呼吸了。一般的肌力訓練並不容易鍛鍊到呼吸肌，在這個訓練中，要盡可能固定上半身的姿勢，並維持穩定。呼吸肌群的高氧化效率*對運動來說非常重要，可說是隱藏版的「馬拉松肌」呢。

對角支撐

「diagonal」在英語中是對角線的意思。這是一種讓四肢著地，右臂與左腳、左臂與右腳各自往前後伸直，讓肢體成對角線平衡狀態的肌力訓練法（參考第五十七頁圖）。重點在於讓手腳

*註：指呼吸效率及氧化能力高，有助於加速移除運動後的乳酸。

保持和地面平行。我們在跑步的時候，右臂與左腳、左臂與右腳會在同一時間擺臂及跨步，這個訓練能活化大腦，並提高上下半身的連動性。

棒式

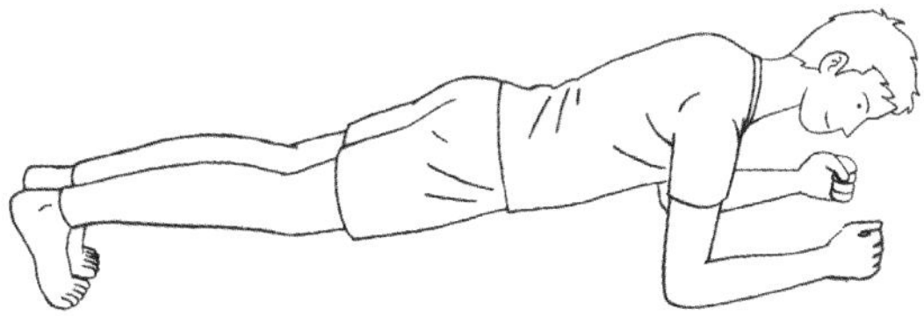

反向棒式

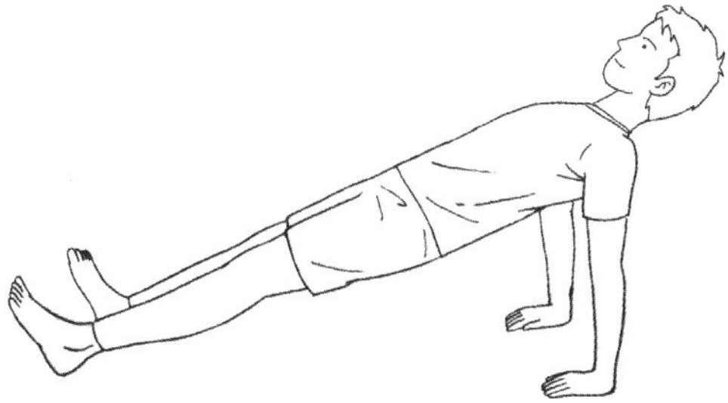

側棒式

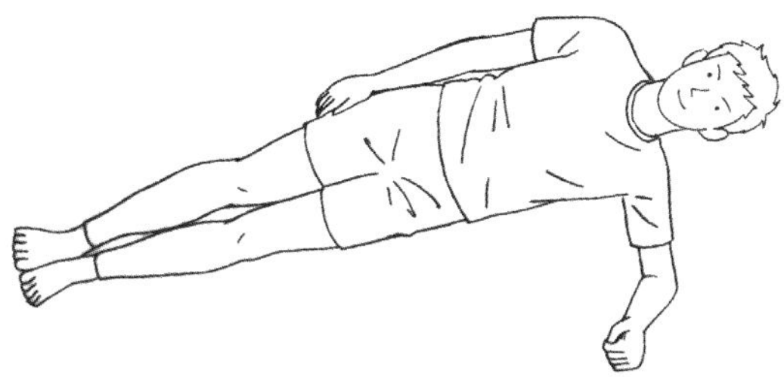

對角支撐

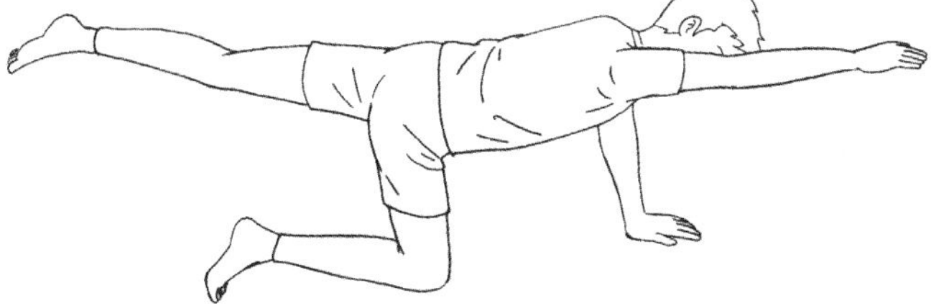

讓訓練效果最大化的訣竅

訓練菜單當天決定

有目的的刻意訓練很重要，因此並不建議各位固守著一成不變的訓練課表。「決定了，下週三來做重點練習中的〇〇項目吧！」像這樣在好幾天前就安排好練習內容，一旦臨時有事，也會影響練習的過程及情緒。如果前一天週二剛好要加班，隔天就得拖著精神不濟的疲憊身軀進行訓練，練習品質也會下降。

重點練習的強度很高，要是身體狀況不好仍然堅持練習，很可能會因此受傷或累積過多的疲勞，務必慎重決定。我認為，不妨在訓練日當天起床之後，觀察自己的心跳數與身體狀況再決定，也可以避免當天進行太過勉強或過於輕鬆的訓練內容。

盡量不要事前做出「我每週三和週六要做重點練習」的決定，還是要觀察當天的身體狀況做出彈性調整。大致上，「只要調整好身體狀況及日常作息，並確定每週要進行兩次重點練習，再視情況決定星期幾去做就好」。

如何加入重點練習

就像我們前面提到的，重點練習每週兩次就好。一次不夠，三次又太多，身體累積的疲勞會來不及恢復。

各位可能都聽過「超恢復」這個說法，指的就是「讓身體在二十四~四十八小時的休息後恢復疲勞，甚至超越原本的能力」。從這個角度來看，重點練習的間隔最少也需要一天的時間。

重點練習是以比正式賽事更快的速度進行練習，藉此提升心肺機能和增進速耐力的閾值*，讓跑者在比賽中抱著「比練習時輕鬆多了」的心情，更輕鬆掌握賽事節奏。換句話說，重點練習不是為了熟練跑姿等基礎練習項目，而是一種**克服自身弱點的練習**。

談到馬拉松的必備能力，一言以蔽之，就是要保持一定程度以上速度的**速耐力**。為了達到我們設定的目標，必須完全掌握自己到底是絕對速度不足？還是耐力不足？並透過調整訓練菜單來克服這些弱點。

*註：閾值指臨界門檻。在運動中，例如高有氧閾值可以讓跑者以更高的強度進行訓練，而不會累積乳酸。因此觀察血液中乳酸變化可以測得個人的閾值，也是馬拉松文章中常提到的乳酸閾值。

以前者來說，大多是「可以從容跑完全程，但只要稍微加快速度就感到痛苦的跑者」。後者的話則是「速度夠快，卻只能撐個十公里左右」。雖然我過去沒有田徑比賽的經驗，但作為耐力型網球運動員，大致處在前者的狀態。而對於田徑出身的跑者來說，無論是心肺機能或速度上都屬於後者。當然，兩者都有不足，必須針對弱點一一鍛鍊來克服。

所謂重點練習，是一種透過不同於慢跑等基礎項目來刺激心肺及身體，受傷危險性也較高的練習。此外，這也是一種為了克服弱點的自我訓練，因此在偏好的練習之外，也有很多機會接觸自己不擅長的練習領域。

訓練過程中，要避免讓自己產生「好不想練習啊」這種負面情緒，要以正向的態度面對，並體認到，這是為了讓實力更強的「絕對必要的練習」，如此一來才能獲得更好的訓練效果。正是因為咬緊牙關撐過了大大小小的練習，才能讓自己脫胎換骨，而這也是實力提升的關鍵。因此，從速度與距離的強度設定，以及休息時間長短都非常重要。練習過程中不能讓身體太輕鬆，但也不能承受過大的負擔。

在馬拉松這種耐力型競賽當中，在提升跑步表現的目標強度設定上，建議從心理上判斷成功機率約五十%（一半一半）即可。太簡單達成的目標無法讓自己進步，太遙不可及的目標又會失去自信。在訓練強度與目標設定上取得平衡，才能有效提升表現。剛開始可以多人進行，在拉長距離的配速跑中，覺得跟得上就繼續跑；若很難受，可以短暫休息後再加入練習。

過程中也可以穿插一趟間歇跑。不過，在組數太少的情況下，間休時間太久或太快結束，效果都會大打折扣。隨著身體狀況和疲勞程度變化，即使實行一樣的訓練菜單，在練習強度的感受上也會有所差異。所以要常常評估自己在設定訓練強度上是否適當，必要時要做出彈性調整。

我的重點練習

我進行重點練習時，主要是間歇跑和配速跑兩種，並透過變化強度設定來達到無限多的訓練方法。

我會跑八組或十組的一千公尺間歇跑；配速跑則是八千公尺或一萬二千公尺。可以在平坦安全、又容易計算圈數的運動賽道上進行。

由於簡化了基礎練習內容，也可以光憑當天的身體狀況及疲勞程度來設定目標時間。

這裡要注意的是：**「每一次的練習都要竭盡全力」**，**這麼一來可以強化自信與心理素質**。當然，設定讓自己能順利完成訓練的目標時間也很重要，我特別重視在最後的一千公尺全力衝刺。

若是間歇跑，就是最後一組，配速跑則是放在最後一公里。

這就像比賽到最後，遠遠看見終點線時的全力衝刺。把每一場練習的尾聲都當作終點線前的衝刺，即使雙腿已經累到不聽使喚，還是能發揮超乎預期的實力。

除此之外，還有一個把自己推到極限的訓練技巧，透過這個技巧，可以更加感受到速度的提升。

那就是額外負荷法。光看名稱可能難以想像訓練內容，接下來以具體的例子進一步說明。

例如一開始擬定的訓練菜單是「一千公尺、三分十秒（間休緩跑二百公尺）的間歇跑八組」。接著按照設定的時間，以每組三分八～十秒的速度完成七組，並像我前面所提到的，最後一組盡可能在三分〇～五秒之內全力衝刺達成。

這時可以應用額外負荷法。完成八組之後，練習並未結束，在最後二百公尺緩跑時再全力衝刺一組。

「這不是和一千公尺的間歇跑九組一樣嗎？」各位心裡多半會冒出這個疑問。

不過，兩者在練習過程中其實有很大的差異。前者是專注在原本已經決定的八組練習，最後一組的衝刺則是在完成練習心態重整時，再追加了額外的負荷。

在這裡要變換的思考是：「練習這八組時，不要去想還剩下一組」。人在完成一件事或達成一項目標時，身心會切換成靜下來的模式，雙腿也會倏地變得沉重起來。在這種狀態下，反倒能讓人燃起要更加倍衝刺的心態。

配速跑也一樣。例如決定了「三分二十秒跑一萬公尺」，前九千公尺都按照設定的速度跑，最後一千公尺則加速至三分〇～五秒。跑完後，一邊調整心態，又再追加二千公尺的練習。這樣的訓練法自然並不輕鬆，但這意味著，即使設定相同的目標、跑相同的距離，只要稍微變換一下思考，就能收穫更大的成果。

還有一種類似配速跑的訓練法叫做「**變化跑**」，實行起來很有效。訓練時先快速跑，途中順勢減速一段距離，最後再加速。

世界馬拉松大滿貫*或奧運等正式賽事中，參賽選手大多會為了獲獎或奪牌而變化步速，不過我們這類市民跑者幾乎不須要這麼做，不如說，這反倒會白白消耗雙腿的力氣。

那麼，為什麼這樣的訓練有效呢？首先，在一開始的高速跑之後，心跳數變快，下肢的負荷也隨之增加。接下來可以稍微減速（注意不要減速太多），雖然大致仍維持在穩定的快速度跑，但因為身體已經做好先前速度的準備，此時跑起來反而會變得輕鬆，最後階段再加速。由於前面已經減速過一次，接下來就要全力衝刺到結束。

*註：World Marathon Majors為世界頂級馬拉松巡迴賽，自二〇〇六年設立。世界馬拉松大滿貫包含六個年度城市馬拉松賽：波士頓馬拉松、倫敦馬拉松、柏林馬拉松、芝加哥馬拉松、紐約馬拉松、東京馬拉松，以及兩年一次的世界田徑錦標賽馬拉松，和四年一次的奧運會馬拉松。

透過讓身體產生「休息的錯覺」，正是培養速度感及習慣高速跑的關鍵。

「稍微動點腦筋，就能騙過大腦，提高訓練效率。」

這也是我在規劃訓練菜單上的重點之一。練習有強有弱、節奏各異，但要隨時讓自己在跑步時保持新鮮感。這不僅僅要考慮到身體的鍛鍊，也要顧及心理層面，各位不妨也來設計一份屬於自己的訓練菜單吧。

訓練套餐

如同字面上的意思，也就是結合兩種練習成為一組訓練菜單，並在連續兩天之內進行。

比方說，「第一天以快速度配速跑，第二天改以緩和的長距離慢跑恢復心理及肌肉狀態」。由於強度上是「由強到弱」，加上是狀態好的時候進行較高強度的練習，心情上也可以保持輕鬆且集中在練習上。

不過，如果是喜歡一開始就從討厭（不擅長）的練習開始的跑者，練習到後來，身心也會漸入佳境呢。至於我比較古怪，則通常會把自己喜歡（強度較高）的練習擺在最後。

我所實行的訓練套餐中，第一天會先讓雙腿處在疲勞的狀態，第二天則讓身心都保持在高負荷、高強度的訓練中。由於我週間要上班，所以都在週末進行。套餐帶給身體的負荷不小，建議一個月一次或至多兩次就好。

如何安排訓練內容，和身體是否會受傷息息相關，建議練習的順序可以從強度較高的到較低的，例如第二天的配速比第一天慢上五～十秒。

週末練習時要注意的是，因為會花較多時間進行長距離跑，設定目標速度時，可以稍微減速，並確實跑完全程。不減速的短距離快跑，則可以安排在運動時間較少的週間進行。

對於想要有較長休息時間的跑者來說，或許可以進行三至四天的集訓。完成週六一整天的充分練習後，刻意讓雙腿保持在高負荷狀態，接著週日參加比賽，完成一組訓練套餐，也是個好方法。儘管身體應該會累積不少疲勞，但我的經驗是，這樣反倒意外地能跑出好成績。或許當天就抱著「管他那麼多，跑就對了」的態度，反而更能輕鬆以對。

參加比賽當作練習

各位在一年當中，會參加幾次企圖刷新個人紀錄的比賽呢？有的跑者每一場比賽都想刷新個人紀錄，也有每年只賭上某一場比賽的跑者。順帶一提，我每年的目標是十二月的福岡國際馬拉松，以及三月的琵琶湖每日馬拉松。原因在於，這兩場賽事受到嚴格的報名條件限制，以致參賽跑者人數少，大多數是和我自己速度接近的跑者。畢竟能夠和程度相近的跑者一同較勁，以作為練習的比賽來說也比較理想。

但是，我每年還是會參加一至兩場超馬、五～六場全馬、十～十五場半馬及其他短程比賽。我想一定也有跑者「因為工作或家庭活動，每年只能參加一場比賽」。我建議，不妨在目標賽事之前，多參加幾場比賽作為練習。

我認為，這很重要的原因之一是，在一般訓練過程和練習比賽中，「如何讓預想之外的狀況變成意料中事」，恰恰左右了我們在比賽中能否產生穩定成績的關鍵。因此，最好可以在自己想突破個人最佳時間的正式賽事之前，就透過其他比賽來掌握。

除此之外，這也可以作為嘗試新的路跑服或補給品；確認高低差（up-down）路線的跑法、從高度圖來分配速度等事前準備。賽事現場也可能出現突然降雨、颳起大風，自己則會有腿抽筋、側腹痛、腳上出現肉刺、沒辦法補給水分等狀況——馬拉松比賽中可能會出現任何狀況。

天候的變化實在難以掌控，但我們只要平常習慣戴帽子或太陽眼鏡，學習因應對策，就能冷靜面對各種突發狀況。此外，許多跑者在賽前會感到焦慮，要特別預防脫水及腸胃相關狀況。

我自己曾親身經歷過許多意外狀況，但也因此學習到各式各樣的障礙排除法，如今也不再苦惱於惡劣的天氣。對於所有跑者來說，客觀情勢上要面臨的下雨、颳強風或氣溫上升等天候變化都是一樣的。因此不如盡可能習慣各種狀況，讓這些狀況反過來成為與對手拉開距離的機會。

我任職的榛名莊醫院，每年九月底都會舉辦榛名湖馬拉松，這是由日本田徑聯盟公認，日本標高最高的全程馬拉松，同時也是一場扎根於當地、充滿濃濃人情味的馬拉松比賽。我曾在二〇一九年第七屆賽事中擔任「來賓選手」。這是很適合作為完成準備期的練習比賽，歡迎各位有機會前來參加。

將比賽CP值最大化的訣竅

我在前面建議各位「參加比賽當作練習」。

既然都花了時間和金錢參賽，當然會期待性價比達到最高效益。關於參加練習比賽的優點，在此詳細條列說明如下：

①參加人數多
②有不同配速的跑者
③跑平常沒跑過的賽道
④補給水分與食物
⑤獲得參加獎與成績證明

接下來為各位一一解說。

①參加人數多

這可以說是一個相當極端的選手群。我們在比賽中，很少是只有自己單獨在賽道上跑，通常前後左右都會有跑者。而這其實是一種鼓舞，即使感覺很痛苦，身邊也還有一群人跟你一起頑強跑下去。

此外，我會觀察跑步之外的各種細節，包括服裝、暖身動作和事前準備。我們一個人跑步時，很難了解其他跑者進行的訓練或各項準備。因此，不妨趁這些練習比賽的時候，仔細觀察身旁的選手，他們在炎熱的天氣或雨天等狀況之下，都各自施展了哪些「獨門技巧」？

我曾經向許多跑者取經，其中之一就是得知了凡士林的無窮妙用。**這不僅讓我排除了許多比賽中的障礙，整體跑步表現更急遽提升。**

凡士林是一種白色的保溼劑，可以在皮膚表面形成一層保護膜，防止水分蒸發。我身為醫療從業人員，原本就很熟悉凡士林的效果，但剛開始接觸馬拉松時，完全沒想過使用凡士林。

凡士林通常作為潤滑劑使用，不過也有拳擊手在比賽時塗在自己臉上，降低對手朝自己顏面揮拳時得分的機會。眼瞼受傷出血時，也具有暫時止血的功用，可說是一舉兩得。

這些特性也可以應用在馬拉松賽事中。例如可以在容易長肉刺的腳趾和腳後跟一帶，以及相對容易摩擦的大腿內側及乳頭塗上一層凡士林。

不少跑者應該都享受過凡士林的好處。我自己還會利用凡士林不滲水的特性，**雨天時塗在手腕和腿上，讓水分不會停在皮膚上**。此外，也可以利用這個特性塗在腹部及背部，在衣服和皮膚之間形成一道屏蔽，預防汗溼的衣服帶走體溫，同時具有保溫功能。

凡士林的一大優點是讓雨滴或汗水不容易接觸皮膚，並在比賽中持續發揮作用。我還會在暖身前，將凡士林稍微用力塗抹在皮膚上，也有摩擦生熱的好處。開始使用凡士林之後，我幾乎不曾發生過在雨天比賽中身體或腹部發冷的狀況。

也可以在運動服和跑鞋上噴上防水噴霧，避免裝備因滲水變重。各位可能都有過類似的經驗，皮膚黏在淋溼的衣服上之後，身體也變重了。我在前面提到的技巧幾乎不用花什麼時間和金錢，而且賽前就能快速準備完成。

馬拉松賽事期間，會累積許多壓力。這時要靜下心，一一排除眼前的各種小障礙，避免浪費迎接比賽的能量。同時不妨多多觀察、學習其他跑友的備戰技巧，為自己加分。

②有不同配速的跑者

跟著集團進行配速跑時，速度的設定上有時僅間隔五秒。

但不需要一直看手錶，可以稍微緊跟在領先集團後方，或以較快的步伐跑入集團中。即使狀況下滑被集團拋離，也可以加入後方的集團防止大幅失速。

相反地，如果還有力氣，不妨再積極跑入前面的集團，或更前面的集團。平常大多單獨練習的跑者，此時更能明顯感受集團跑的幫助。

③跑平常沒跑過的賽道

初次跑的賽道，或是偶爾才跑的賽道，即使只是練跑，也多少會讓人緊張。換作在其他縣市，也許要搭飛機前往，內心更是忐忑不安，更不用說國際的馬拉松賽事了（順帶一提，我個人並沒有參加國外比賽的經驗）。

這一點是考驗包含適應力在內自身的真正實力。住在飯店時，床鋪、棉被和枕頭都和家裡的感覺不一樣；飲食上，平常在家裡吃的食物也和飯店的自助餐不同，諸如此類都是必須適應的地方。不過無論在哪裡比賽，都可以隨身攜帶自己常吃的食物，或是去便利商店購買習慣吃的餐點。閒暇之餘，還可以享受當地的美食，順便在賽事結束後來場觀光行程（避免賽前讓自己太累），也讓人更加期待這場賽事之旅。

還有更重要的一點，最好能**事先掌握馬拉松大會在網站上公告的賽道地圖和高度圖**，並在賽中及完賽之後反覆確認。實際跑過之後才會曉得，包括高度圖上沒標記的起伏區，還有順逆風等各種狀況。我們可以在每年的同一時間參加同一場賽事，但如果是沿海賽道，事前是否對整體路線有概念，則對比賽結果有著顯著的影響。

④補給水分與食物

在比賽前預先確認水分與食物的補給站很重要。但這不是為了「一定要在這裡補給」，而是為了在沒辦法補給的情況下，因應賽事變化，事先準備好兩種以上的對策。

自己隨身攜帶飲料和補給品也是個方法。但由於有一定的重量，又會搖晃影響跑步，建議自帶補給品控制在最低限度就好。如果擔心因天氣炎熱，前半段就喝光了能量飲料，也可以在口袋放幾顆能量晶凍隨時補給。

我通常不會自帶飲料，而是按照當天的氣溫和溼度，每隔三～五公里就補充同量的水和運動飲料。大概會補給十次左右，總共約一千毫升。

從預防中暑的角度來看，每小時建議補給水分五百～一千毫升。如果是以Sub 2.5為目標，範圍可以放寬一點到一千二百五十～二千五百毫升。不過，二千毫升的水分攝取通常過高，雖然會隨每個人的身體狀況和當天天候有所差異，實際上還是建議以一千五百毫升左右的攝取量為標準。如此看來，我的一千毫升已經算是相當少了。

但是，我幾乎不曾發生過脫水或中暑的情況。這並非我天生不容易脫水，而是為了避免比賽時脫水，我會在賽前預先做一番準備。也就是透過水分超補法和甘油補水法，在比賽前幾天就開始慢慢蓄積身體中的水分。這兩種方法我會在後文中進一步介紹。

在能量的補給上，不要拿補給站的食物，而是固定在比賽中段和三十五公里處補給能量晶凍即可。之所以選擇能量晶凍，是因為即使腸胃不好也容易吸收，一邊跑步的同時也能快速飲用。我個人常用的是某品牌的能量晶凍，各位在挑選上，只要符合輕薄體積小、有足夠的卡路里、能用手輕鬆擠出、富含鎂等充足的電解質、不易垂落且適口性佳等條件即可。

最後，「味道」也是一大要素。比起帶苦味或過甜的口味，口感佳的補給品才能提振精神，帶給跑者正面的影響。另一方面，由於咖啡因具有利尿的作用，關於賽事中的攝取有許多討論。我則是多半在比賽的最後階段約三十五公里處，才開始攝取含咖啡因的能量晶凍。

原因是，要在自己的專注力下降之前，透過咖啡因保持清醒，直到越過終點線前都集中精力，在比賽的最後階段以愉快的心情全力衝刺。在比賽之外，不妨先在練習時實際使用看看。從口感、黏度到拿著跑（放口袋裡）的感覺，挑選最適合自己的補給品，讓它成為跑步的最佳拍檔。

⑤獲得參加獎與成績證明

不少跑者會穿著大會發的參賽T恤進行訓練或參加比賽。不過隨著參加的賽事一多，收到的路跑衣和毛巾也愈來愈多，不僅造成收納上的困擾，許多設計上亮眼時髦的T恤都只被拿來當睡衣穿。我想，許多跑者都有過類似的經驗吧。相較之下，如果收到的是當地特產，或沒使用過的路跑用品，反倒能帶來驚喜。

在成績證明上，有的大會會每五公里就更新排名。但大多數情況下，大會公布的是綜合排名或依年齡分組排名，這也比較能提高跑步的動力。如果能在參賽人數眾多的賽事中獲得不錯的排名及成績，自己在跑步上也將擁有更大的自信。

如前面所說，把參加比賽當作練習好處很多。當然，各位也可以「正式登場就一決勝負」。但如果時間和預算都許可，不妨在刷新個人成績的目標賽事之外，多多參加其他比賽。

「單獨集訓」的最後衝刺

在夏季的炎熱天氣中，許多實業團、大學生及高中生、各地跑友社團，通常會來到海拔較高的避暑地進行集訓。參加這些跑者集訓自然很好，但有些人可能會有恢復時間不足的情況。因此，不妨考慮利用週末，在自己家裡進行「單獨集訓」。

在跑友社團或實業團的集訓中，各自有其固定的訓練課表，當然，早睡早起是一定要的。練習內容基本上包含了起床後早餐前的慢跑、午前練習、午後練習等等。如果是在平地的集訓場地，主要練習項目還有越野慢跑、賽道上的速度練習，以及一般路面的距離跑。

以三天的集訓時間來規劃，第一天可以安排較輕鬆的訓練菜單；過渡的第二天則是強度較高的菜單；第三天則要兼顧身體疲勞程度及完成充實的集訓，因此長距離跑是不錯的選擇。飲食上不要太過單調，多些菜色變化並注意營養均衡即可。

具體案例（星期六、日、一，共三天）

第一天（星期六）

晨練：慢跑（六十分鐘以內）

＊實際上，集訓大多在中午前集合，中午後才開始練習。如果是在自己家裡進行集訓，就可以從早上開始練習。

午前練習：越野跑（十五～二十公里）

＊在家附近練習時，路線可以安排在公園草地或泥土地等柔軟地面，即使是起伏地形也不容易產生反作用力，同時可提升腳力。

午後練習：間歇跑（一千公尺，八～十組）

＊快跑可以刺激心肺機能，提高最大攝氧量，接下來的訓練會感到更輕鬆。

第二天（星期日）

晨練：慢跑（六十分鐘以內）

＊以從容的速度慢慢喚醒身體。

午前練習：配速跑（八千公尺）

＊為午後要進行的主要訓練預先刺激腿腳，配速可以設定在不會累積疲勞的程度。

午後練習：距離跑（三十公里）

＊因為是集訓中的主要訓練菜單，要集中精神，全力衝刺。不用太在意集訓還剩一天而保留實力。之後也要澈底休息，恢復體力。

第三天（星期一）

＊原本早上的訓練會從慢跑開始，在午前練習時結束。但由於這一天還要工作，因此晨間菜單就是最後的練習項目。

晨練：長距離慢跑（一百二十分鐘以上）

＊可以先吃一根香蕉和補充水分，基本上以消除疲勞為目的，並特意感覺跑姿，盡可能進行長時間的跑步。一邊跑一邊回想整個集訓的過程，思考需要改善的地方，然後再設定未來的目標賽事及完賽時間。

※進行越野跑，或是田徑賽道、在湖畔進行距離跑，都可以產生和日常練習不一樣的特訓感。

達成目標的基準「六%的法則」

Sub 4、Sub 3.5、Sub 3，以及Sub 2.5等等，每一位跑者都有自己的目標時間。因此接下來的重點是：「為了達成目標，我們在練習中要以多少配速來跑？」

說真的，每一位跑者都擁有自己的特質：速度型、中間型、持久型，很難一概而論，明確設定出固定的配速。

但是我在指導許多跑者、提供訓練菜單，並觀察他們的個人成績變化之後，最終找出了能夠適合大多數跑者，而且極為可靠的數據。

我把它稱為六%的法則。

這是以半馬測得的時間為基準，必須達成的最低時間。

具體來說就是，「將目標時間的一半扣除六%（即乘上〇．九四）後的時間」。

若是Sub 4（二百四十分鐘），將一半一百二十分乘以〇．九四約一百一十三分（一小時五十三分）；Sub 3以同樣的方式計算下來約八十五分（一小時二十五分）；Sub 2.5則是約七十一分（一小時十一分）。

即使是琵琶湖每日馬拉松（完跑人數僅五～六成，為日本國內最菁英馬拉松賽事）的最新參加門檻「①全馬：二小時三十分零秒以內，②半馬：一小時十分以內」，也能以六％的法則計算出相當接近七十一分的時間。順帶一提，我的半馬最佳時間通常出現在七十一分內的後半段，因此常需要挑戰緊迫的關門時間。

如果是持久型的跑者，即使稍微超出目標時間還是有機會完賽。不過從經驗上來看，還是比較困難。建議各位還是先以六％的法則，計算出最低限度的個人目標時間。

練習中設定的配速

那麼關於訓練時的設定配速，在此以Sub 4、Sub 3、Sub 2.5向各位簡略介紹。

大致簡單計算之後，「Sub 4：一公里約五分四十一秒；Sub 3：一公里約四分十五秒；Sub 2.5：一公里約三分三十三秒」。各位可以視自己的目標時間，想辦法習慣需要的平均配速。但這些配速並不包含通過起跑線前的時間，以及過程中補給水分或食物的時間。而真正的目標時間具體計算下來是：Sub 4的一公里變成需要五分三十五秒；Sub 3的一公里是四分九秒；Sub 2.5的一公里是三分二十七秒，和原本算出的時間相差六秒。由此所得出來的數值也是「六」。

該怎麼跑？

用「肩胛骨」跑

「擺臂幅度不要太大」「手肘往後拉伸」，現在有各式各樣的跑步技術指導，不過我重視的不是手臂、也不是手肘，而是**肩胛骨**。

為什麼是肩胛骨？因為肩胛骨正是讓身體能有效率自然擺臂的關鍵。上肢倚靠肩胛骨（肩關節）和軀幹連接，只要刻意將肩胛骨往內收，手肘就會**自然地往後移動**。在醫學上，肩胛骨呈下迴旋的狀態，也可用「左右肩胛骨之間製造內凹」，或是「左右肩胛骨下方靠攏收緊」的說法比較好理解。我在指導跑者及選手的過程中，他們不僅因此**改變了擺臂（的意識），步幅變大，步頻增加，時間也大幅縮短了**。在此極力推薦給各位。

擺臂是「擊拳」，著地是「高爾夫球桿」

修正跑姿的時候，要盡可能使腦中想像的姿勢符合實際上身體的移動。此時若能透過自己獨特的具體想像，並盡早調整，身體就能更深刻地記憶下來。

在此分享我個人的例子。擺臂時，想像自己胸前有一顆拳擊選手常用的擊打球，並將雙手輕輕握拳快速擊打。此時手肘彎曲，貼緊身體一側（第八十三頁圖左）。

此外，各位可能都聽過「要在身體重心的正下方著地」，實際上卻很難想像。我剛開始跑馬拉松時，一直在尋找最理想的跑步姿勢，可是從許許多多片段的照片和影像中，我還是無法掌握。對於少數一看就懂的優秀跑者，我內心實在羨慕不已。隨著自己在跑步知識及馬拉松實戰經驗上逐漸累積，最終，我花了兩年才搞懂這一切。

現在各位可以省下這些時間，簡單快速來理解我所領悟的理想跑姿。這曾經讓我在指導許多選手跑姿時，要說達到了百分之百的效果也絕不誇大，連我都十分驚訝。但其實相當簡單，**想像自己肚臍的正下方垂掛著一支高爾夫球桿，並以左右腳輪流用力踩踏桿頭。**這是將桿柄視為轉動軸，並把意識集中在軀幹的軸心肚臍（丹田）上。踩踏時為了確實抓地，訣竅在於用推蹬，而不是用踢的。

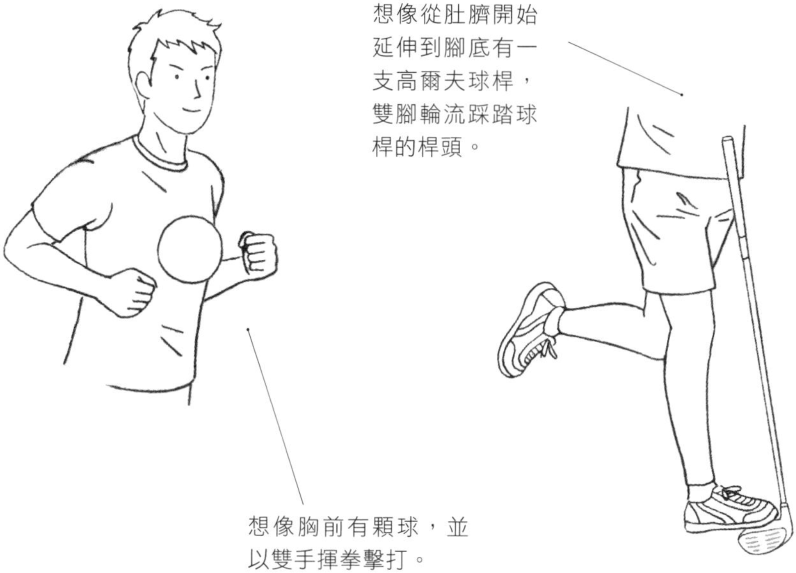
想像從肚臍開始延伸到腳底有一支高爾夫球桿，雙腳輪流踩踏球桿的桿頭。
想像胸前有顆球，並以雙手揮拳擊打。

腳跟著地、腳掌・腳尖著地

各位在跑步時，是用「腳跟」著地？「腳掌」著地？還是「腳尖」著地呢？

這三者又各自稱為後腳掌、足中部和前腳掌。三種著地方式哪一種較好，至今一直爭論不休。一般來說，腳跟著地會產生踩煞車效應，難以提升速度。

腳尖著地可以減少衝擊，像彈簧一樣迅速轉換到下一個動作，也容易跑出速度。事實上，我所看過的實業團選手或高中的頂尖跑者中，大多是以腳尖著地。但是，**腳尖著地會對阿基里斯腱和腓腸肌造成較大的負擔，如果身體的肌力不足**很容易受傷。一般市民跑者必須注意，一味模仿名選手的跑姿，只會提高身體受傷的危險性。

對於頂尖選手來說，肌力不用說，包括跑姿到鞋子都符合腳尖跑的水準。而從初入門的菜鳥到成為田徑選手，由於穿釘鞋的機會很多，自然也習慣腳尖著地。順帶一提，我剛開始跑馬拉松時是用腳跟著地，速度提升之後，不知不覺間就變成用腳掌（足中部）著地。如果有好奇心，想「挑戰看看腳尖著地跑」，或希望實力更進一步的心態當然很好，不過以我來說，幾乎不太需要特別留意（僅僅是為了避免受傷）著地這件事。我認為，以最適合自己的姿勢跑步才是最棒的。

步幅與步頻

我們跑步的速度等於「步頻X步幅」。

以下向各位簡單說明。

如果是一分鐘步頻兩百、步幅一公尺的跑者，一分鐘可以跑兩百公尺，跑一公里需要五分鐘。步頻加倍，速度也加倍。同樣地，步幅加倍，速度也加倍。

關於步幅，雖然在很大程度上受天生腿長的限制，但如果適當提高對髖關節肌肉的支配能力，就可以增大步幅。**彎曲髖關節的肌肉（帶動身體）**可以延長觸地前的滯空時間，而**伸展髖關節（朝後方往外推）**，可以把身體往前推進，兩者都能創造出較大的步幅。

相較於步幅，我們更容易刻意調整步頻。各位請試著原地快跑看看。你會發現，步頻和步幅恰恰相反，步頻增加，步幅卻變小了；反過來，步幅變大，步頻就減少了。建議在練習過程中嘗試各種組合，找出最適合自己的步頻和步幅。實際在比賽中，建議在上坡路段增加步頻，以良好的節奏來降低肌力疲勞；下坡路段則可以稍微加大步幅，減少煞車作用，並讓腿像在轉動般跑，以有效提升速度。但是要注意，如果步幅太大，反而會對大腿股四頭肌造成過大的負擔。

用影片自我檢視跑姿

各位都用怎樣的姿勢跑步呢？狀況好的時候、疲憊的時候，都是如何掌握自己跑步的姿勢呢？我在檢視自己的跑姿、以及指導選手的跑姿時，通常會把練習過程拍成影片。這是因為，靜止的圖片或畫面，很難像影片一樣完整掌握連續動作的變化。

不過，實際檢視自己的姿勢之後會發現和原本想像的完全不同。以為已經刻意去做到這個動作了，其實根本沒有。因此必須藉由客觀的角度，針對自己不足之處獲得回饋並改善。

這可謂跑步的大學問，新手跑者請務必都自我檢視一次。由於不是固定好攝影機進行拍攝，建議可以和跑友互相拍攝彼此。要修正跑姿的時候，先充分掌握要修正的地方，修正後立刻再拍影片檢視一次。腦海中的想像愈鮮明，掌握的意識就愈強，效果也愈好。我在日本味之素國家訓練中心（Ajinomoto National Training Center）見習田徑錦標賽的日本代表選手練習過程時，對於選手們在奔跑時拍攝下影片，並在跑完後直接和教練一起確認影片的畫面印象深刻。利用影片可反覆重播的功能，能夠迅速並有效地修正跑姿。

第3章

如何避免「急性・慢性運動傷害」？

PART 1

跑步傷害的基礎知識

跑步傷害的種類

跑步傷害就如字面所述，普遍來說，是因為跑步而導致的傷害。不過，這種傷害很容易和一般外傷混淆。簡單來說，這是反覆累積下來的傷害，並在一次跌倒或扭傷後所導致的外傷。

跑步時，筋膜、骨膜、肌腱和骨頭會歷經長時間的微小衝擊和摩擦，一旦超過身體負荷，就會產生不適、疼痛，或是伴隨過度使用傷害。跑步的過程中，雙腿和雙腳一般會受到較大的著地衝擊，因此這類傷害大多發生在下肢部位。以下介紹較具代表性的跑步傷害及其特徵。各位或許光讀文字不容易理解，不妨同時對照第九十二頁的插畫。

①髂脛束症候群（跑者膝）

由於是大多數跑者常見的傷害，因此又叫跑者膝。髂脛束是位於腸骨到脛骨的長帶狀韌帶，具有維持膝外側安定性的功能。「跑步」這種動作其實就是「膝關節的屈伸」。膝蓋稍微屈起時，髂脛束會和大腿骨外側的外髁（外側突起）摩擦，引起發炎和疼痛。**主要症狀是膝蓋外側疼痛，跑步超過五公里或一定距離以上會慢慢感到疼痛，而且愈跑愈痛。**

②鵝足黏液囊炎

或許一般人很少聽過這個疾病，但這卻是田徑運動員專科門診中相當常見的疾病。這是位在膝蓋內側的脛骨上方，三種彎曲膝蓋的肌肉（半腱肌、股薄肌、縫匠肌）附著點所引發的發炎症狀。由於症狀易發於外型如鵝的腳掌、由三條肌肉組成的聯合肌腱構造上，才有了這樣的名稱。

③脛腓骨疲勞性骨膜炎（Shin Splints）

名稱很長，其實就是一種脛骨痛。是由附著在脛骨遠端內側後方的脛後肌等處緊繃的骨膜，所引起的發炎症狀。**症狀通常是按壓小腿時會疼痛，在下坡路段，速度加快時，骨頭會發出喀喀聲響並感到疼痛。**如果忍耐疼痛繼續練習，不僅表現會大幅滑落，也無法收到練習成效。還要注意的是，這種運動傷害的好發骨骼，大多是易發疲勞性骨折的部位，症狀也很相似。

④阿基里斯肌腱炎、阿基里斯腱鞘炎

這是小腿肚的腓腸肌、比目魚肌等肌群的共同肌腱，也是號稱人體最強的阿基里斯腱所引起的炎症。肌腱炎是肌腱本身出現發炎現象，腱鞘炎則是包覆肌腱的鞘膜，也就是腱鞘發炎。常在對身體負擔較大的場所訓練、經常跑上坡或踩踏堅硬地面的跑者，容易出現這種炎症，也常見於從短距離路跑進階到馬拉松過渡期的跑者。特徵是**早晨起床的第一步會疼痛，跑一段時間之後疼痛會慢慢緩和下來**。很多人會因此勉強自己繼續進行訓練，直到痛得受不了才前來就診。

⑤足底筋膜炎

跑步時，首當其衝受到衝擊的就是腳底，因此是很常見的傷害。足底的筋膜一旦累積過度疲勞，導致足弓塌陷，失去緩衝的功能，就會出現疼痛現象。如果腱膜持續緊繃，照X光也可能發現跟骨下出現骨刺（骨端部位的突起）。

⑥疲勞性骨折

各位可能在頂尖運動員的新聞報導中聽過，容易發生在離心臟較遠的中蹠骨、跟骨、脛骨、腓骨、大腿骨和骨盤等部位。

跑步時承受的著地衝擊，會對身體特定部位持續施加壓力，就像每天都對骨頭進行鑿洞穿孔一樣造成傷害。這類傷害有時候會被誤認為脛腓骨疲勞性骨膜炎，但觀察症狀之後發現，大多是疲勞性骨折。

由於初期從X光片上不容易看出來，建議兩週後再照一次X光，也可以做核磁共振造影（MRI）檢查。一旦嚴重到完全骨折的程度，就必須長時間休養。這不只會造成表現衰退，視情況也可能須要進行手術。

由此可知，**造成跑步運動傷害的原因大多具有共通性**，不同的傷害也常出自相同的原因。

一旦發生跑步傷害，無論是動作或肌肉都會失去平衡。大多數跑者會為了避開疼痛部位，反而導致身體同側或另一側也出現疼痛和不適感。這意味著，**與其在每一次跑步傷害發生後才去想怎麼治療，不如事先掌握預防跑步傷害的因應之道**，才是能持續跑步的關鍵。

應該有不少讀者曾經因為跑步受傷前去醫院就診，還記得當時醫師是怎麼說的嗎？我想回答通常是「傷好之前先休息一陣子吧」。

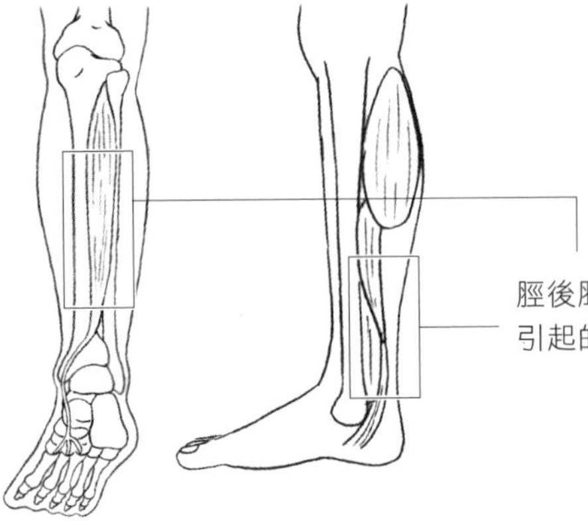
脛骨痛
脛後肌等處骨膜緊繃
引起的炎症

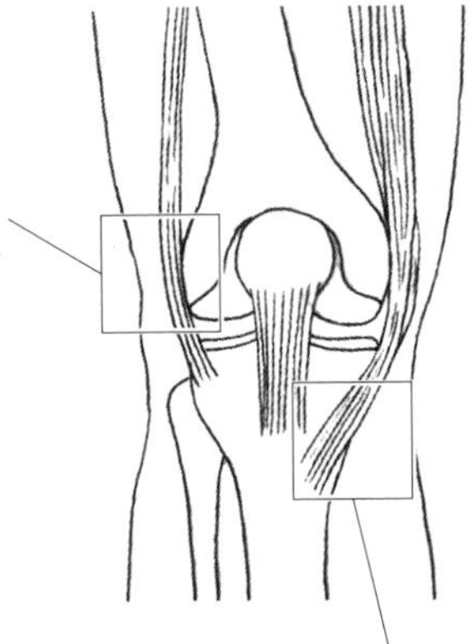
脛腓骨疲勞性骨膜炎
鵝足黏液囊炎

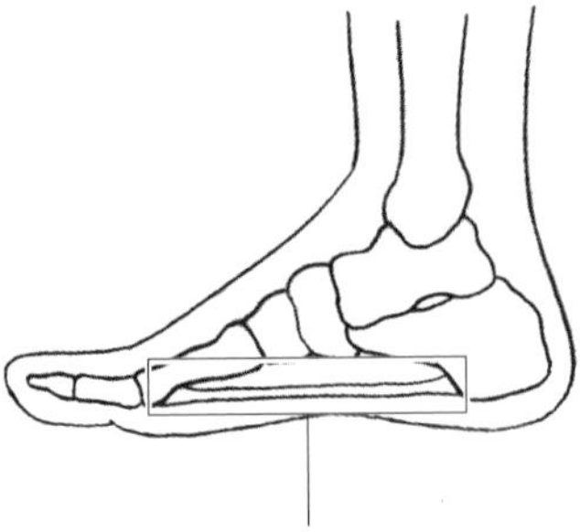
足底筋膜

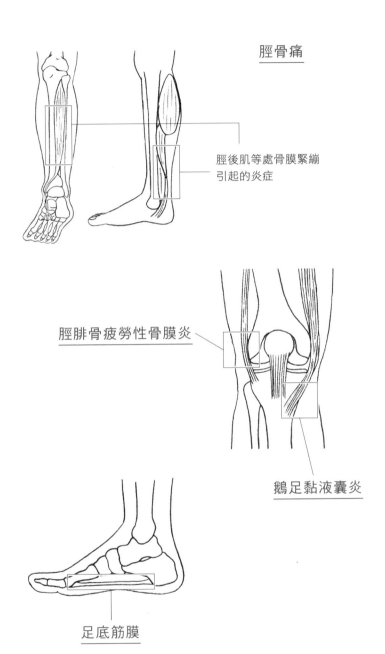

就算是那些大打運動整形外科廣告的醫院，看診時卻幾乎不對跑步傷害進行詳細的問診與治療。我會這麼說是有原因的。

為了幫助飽受跑步傷害所苦的跑者，我開設了專門治療跑步傷害的運動門診，從當地到外縣市有許多人前來就診，當中也有患者來自醫療設備最先進、專業人才輩出的東京。事實上，我的醫院位在車程兩小時以上的郊區，再加上其他費用和所花費的時間，無論如何，這趟求診之路絕對不算便利。我認為，這表示大多數深受跑步傷害困擾的人，並未接受到充分且令人滿意的診療。

許多來自外縣市的跑者都曾前往家附近的運動整形外科就醫，但他們得到的結果通常都是：「醫生都說要多休息，但休息了幾個月還是沒好。」沒錯，有些輕度的跑步傷害只要多休息就會逐漸好轉，但實際上，大部分的跑步傷害並不會因為休息而復原。接下來，我將列舉跑步傷害的主要共通原因，並提供根本的解決治療之道。

跑步傷害的主要原因

①跑太多

普遍來說，跑步傷害大多來自過度使用身體，因此為了避免跑太多，除了選擇適合自己程度的練習強度，訓練後也要充分休息。這一點尤其在覺得自己跑得很順，或因集訓而突然大增練習量的時候，須要格外注意。

基本上，**「跑步的距離不要超過前一週的十％」**。如果感到疼痛或不適，首先要降低練習量，並增加休息時間，重要的是不要勉強自己繼續跑步。

不過前面也曾提到，這並非根本上解決受傷的方法。若休息一段時間之後繼續進行訓練，身體還是會反覆感到疼痛與不適。

②肌肉疲勞導致柔軟度降低

跑步是不斷重複相同動作的運動，因此不難想像，這會持續造成同一部位肌肉的負擔。因應對策之一是，在練習前後專心暖身和冷卻身體，按摩並伸展緊繃、短縮的肌肉。

此外，建議不要只跑同一條路線，或是相同坡度起伏的路面，才能有效掌握不同路線的平衡感。也可以反向跑同一條道路，理論上，對身體造成的負擔是一樣的。長期在人工跑道上進行訓練的跑者，由於大多是逆時鐘跑，建議在暖身或冷卻收操時，在周圍的草地上改以順時鐘跑。

③跑鞋不適合你的腳或跑步姿勢

跑鞋穿久了鞋底會磨損，經常跑在有坡度的路面也一樣。而且隨著跑鞋的彈性逐漸鬆弛，造成跑步傷害只是遲早的問題。因此要掌握自己的腳型（腳長之外，還包括腳寬、腳背高、足弓高度等）和左右差，挑選最適合自己的跑鞋。對於常用於慢跑等活動的跑鞋來說，彈性佳、合穿並能固定腳跟的款式才能保護雙腳。

而且，絕對禁止把跑鞋當「回收鞋」穿。這指的是，有了新的比賽鞋後，就把原本鞋底已經磨損的比賽鞋改為練習用鞋，再不堪用之後就下雨時穿。

我剛開始練習馬拉松的時候，也曾因為穿了「回收鞋」跑步而受傷。惜物很重要，但「不浪費的精神」確實也是跑步傷害頻頻發生的原因之一。

頂尖跑者常穿的跑鞋，一般來說大多屬於彈性較差的輕量跑鞋。而雜誌或電視上明星選手穿的跑鞋雖然令人望眼欲穿，但對一名以腳跟著地的選手來說，要是穿上適合腳尖著地跑的鞋子，情況會變得如何呢？不僅無法發揮跑鞋原本的功用，還可能很傷腳。我認為，可以多了解那些菁英跑者所穿著的頂尖跑鞋。許多優秀的跑者表面上不說，但私底下為了穿上那些鞋子，可是拚命改善跑姿並進行肌力訓練呢。

④下肢力線（alignment）異常

力線是指「沿著軸心腳的直線結構」，呈現了以膝關節相連的大腿骨和脛骨、以足關節相連的脛骨與距骨、踵骨之間的關係。醫學上，將膝蓋朝外側彎曲的狀態稱作膝內翻，即是大家所知的O型腿。

在這裡要談的是容易導致跑步傷害的下肢力線，也就是足部過度內傾（往內倒），導致膝蓋內扣的狀態。在這種狀態下，腳趾通常會朝外，因此又被稱做knee in-toe out（夾膝・趾外翻）。比起站立狀態，通常步行或跑步時會明顯承受較大的負擔。

並不是只有跑步才會導致這類傷害，這也和足球、籃球運動中常見造成膝前十字韌帶損傷的動作十分相似。**足關節朝內、小腿內轉和膝蓋內傾的狀態，容易對身體造成較大的負擔，並導致受傷。**

針對各類型運動，日本整形外科學會製作的指導手冊中就列出許多能有效改善動作，並預防受傷的肌力訓練。例如鍛鍊膝關節和髖關節周圍的肌肉，可以進行跳箱練習，跳躍時膝蓋注意不要朝內，而要盡可能朝正前方著地，並反覆練習。

然而，成年之後就算想透過解剖學等原理來改良姿勢，在經年累月的習慣影響下，還是需要耗費相當多的時間與心力。因此，我認為最好能在青少年時期就積極介入、指導身體使用肌肉的

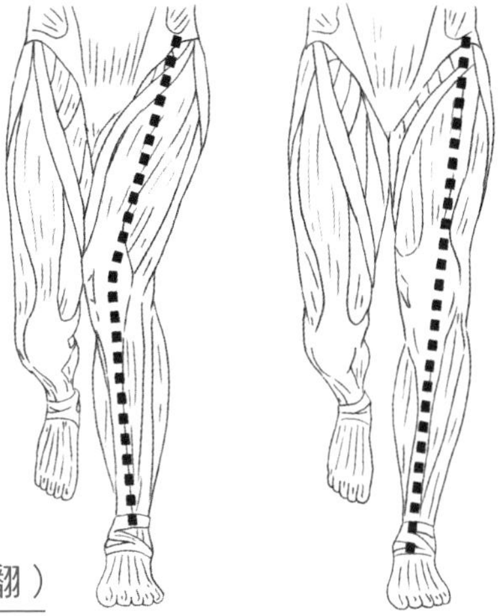

knee in-toe out（夾膝・趾外翻）

方式。

成年之後才進行長期訓練，難以矯正姿勢的人，透過跑鞋和鞋墊的幫助，也不失為好辦法。不妨前往附近的運動用品店，我想應該都有販售矯正「過度內旋」的機能性跑鞋。比起內旋的說法，英文Pronation也很常見，大多都有「防止Pronation」「Over Pronation用」等相關商品標示。我自己本身也有內旋的問題，因此會挑選具有緩衝機能的跑鞋，通常也會搭配能矯正過度內旋的鞋墊。

引發傷害的三要素「跑道・跑姿・練習量」

以下介紹導致跑者受傷的三個主要因素：「跑道的危險性」「跑步姿勢」「練習量」。

我在這本書中已經說了非常多次，不要小看路跑對雙腳造成的危險性。跑步中，著地時會承受約三倍體重的衝擊力，下坡時加速更達到五倍。在人工鋪設道路進行山路跑的時候，下坡時的衝勁感覺雖好，但過快的下坡速度也會導致受傷。

在跑姿上，如果著地處離身體前方過遠，幾乎所有衝擊都會由雙腳吸收。我建議各位多練習，讓著地的位置保持在身體正下方，這也是更有效率的跑步姿勢。

接下來是「練習量」。我剛開始跑馬拉松的時候，特別在意跑了多長距離。我從來沒有田徑運動經驗，只能從雜誌或網路獲取相關資訊，因此看到有人說：「三年間月跑三百公里達成Sub 3。」

於是我買了GPS運動錶，每天看著持續累積的里程數而興奮不已。「這禮拜再跑六十公里，這個月就破四百公里了」，回想起來，當時的我似乎稍微偏離了原本訓練的目的。

不過在頂尖運動員當中，既有執著於里程數的跑者，也有專注於速度訓練的跑者。我想無論哪一種都好，只是**以距離為目標的跑者必須注意，不要勉強自己「超過基本跑量」**。因為這不僅會造成心理壓力，也容易導致過度訓練症候群。

順帶一提，就我自己的跑步經驗，以及曾經指導過的選手來看，Sub 2.5的四百公里、Sub 3的三百公里、Sub 4的二百公里，「勉強可說是這三個等級月跑量」較寬鬆的基準。我前面提到的「三年間月跑三百公里達成Sub 3」，從結果來看或許是正確的。

但這並不意味著，「只要跑三百公里誰都能達成Sub 3」。如果沒有做好準備或充分休息就突然跑三百公里，反而有很大的機率會受傷。**「目標跑量」不見得適合所有人，不妨在充分掌握自己的跑步實力之後，再進行適當的訓練，**才是跑出個人最佳時間的捷徑。

判斷身體僵硬和腳的狀況、掌握左右失衡・弱點

這麼說似乎很突兀，但我的身體滿僵硬的。各位的情況如何呢？以跑步來說，身體的哪個部位僵硬很重要。我在田徑運動員專科診療時，面對初診患者首先會詳細問診，接著才會針對出現症狀的患部進行診斷，也會視情況使用電腦斷層（CT）、核磁共振造影（MRI）或超音波檢查。最後再向患者說明檢查結果、治療方法。整體流程和一般整形外科差不多，但有三個較大的差異處：

第一，針對患部以外的部位進行詳細的診察、評估；第二，確認患者習慣穿著的跑鞋款式；第三，在既定的治療方式之外，向患者建議防止復發的訓練模式。

身體僵硬與否和個人體質有關，不一定都是自己本身的問題。不過，一旦關節過於僵硬，會妨礙力量帶動身體，導致跑步效率低落，同時造成特定部位過大的負擔，增加受傷的可能性。

如何確認「靜態左右失衡」

全身上下的關節都很重要，而跑步時更需要特別注意兩種關節：髖關節和肩關節。換句話說，如何正確使用髖關節和肩關節很重要。

「左右失衡」（靜態平衡）也是和跑步傷害相關的危險因子。所謂靜態左右失衡，其實指的就是身體左右兩側在肌力、關節可動範圍、腳長、足部內外翻等的差異。

具體來說，骨盆只要朝一側傾斜，就會導致左右腳的肌力及關節可動範圍產生很大的落差。而骨盆的左右傾斜程度，可以從站立時的腰線弧度快速判斷。當髖關節或膝關節發生異常，雙腿長度也會出現差異。各位不妨在鏡子前自我檢測看看。肌力可以透過機器讓雙腿進行同樣負荷的訓練，再行測量大腿周徑。由於很難自行測量關節可動範圍，不妨請家人或跑友協助，從自己的前後左右確認，或是透過拍照，比較左右兩側差異。

如何確認「動態左右失衡」

我們也很需要注意動態失衡對跑步帶來的負面影響。動態左右失衡是指，身體左右兩側在荷重上有著顯著的差異，比起內旋等靜態左右失衡更為明顯。

可以透過單腳站立、跳躍和單腳屈蹲進一步判斷，這也會同時反映出深部感覺和軀幹的穩定性。最後再將足部內旋、膝蓋內傾，但此時需要從背後檢視，因此無法單獨進行。

將雙腳的食趾（第二趾）對齊、身體左右兩側荷重均等站立，從身體正後方拍照。若是內旋足的跑者，足關節會呈現內傾狀態，下腿和踵骨以「く」字形彎曲。以相同的姿勢，**自然且不刻意地**以單腳緩緩屈蹲。如果發現膝關節沒有朝向正前方，而是很大程度內傾，就要注意**knee in**（夾膝）的問題。可以在練習時直接調整膝蓋的方向，但因為要從上方確認腰椎前屈並保持正確的屈蹲姿勢，建議在大鏡子前確認比較好。

要提升跑馬拉松的速度，可以將練習項目區分成自己擅長的練習，以及不擅長的練習，也就是需要克服的弱點部分。一般來說，後者的訓練較能有效成長，也潛藏了短期內突破個人時間的可能性。相較之下，前者是自己擅長的項目，成長空間自然比較小。不過，為了讓訓練過程保持餘裕，而非成了苦差事，適當分配自己擅長與不擅長的練習比重，也能達到轉換心情的目的。

對於沒什麼練習時間的人來說，嘗試分析自己未曾發現的「身體特質」，或許有機會找到一個突破口。例如拓寬關節可動範圍的訓練、平衡肌力左右差異的訓練，或是透過鍛鍊身體核心來改善平衡的軀幹訓練等等。

有外傷時的「RICE處理原則」

這一章主要是解說跑者長期下來累積的傷害，接下來要介紹一旦受傷時的處理對策，也就是運動傷害中的「RICE處理原則」。RICE分別對應的是各單字的第一個英文字母。

Rest（休息）　可以減緩血液循環，讓患部及患者本身處在靜止狀態，也有助於緩和疼痛。

Ice（冰敷）　透過局部血管收縮能抑制發炎、減輕疼痛、降低組織的新陳代謝速度，避免組織因氧氣供應不足而受損。

Compression（壓迫）　抑制內出血擴大和腫脹現象，提升恢復速度。

Elevation（抬高）　將患部抬升至比心臟高的位置，可以減緩血液循環與腫脹現象。

每個步驟都很重要，但如果想避免傷勢惡化並加快恢復速度，在此仔細說明冰敷的步驟：

首先，大多情況下都是用冷凍庫的冰塊，但這些冰塊都低於零度，反而有凍傷的危險。因此在加入冰塊前，先在袋中加入少量水，等冰塊稍微溶解後再敷於患部。可以使用塑膠袋，但塑膠袋容易破，也不容易平均敷於患部，建議還是使用一般的冰敷袋，不用時還可收納起來，也不占空間。冰敷時間建議盡可能從受傷後就開始，一次十五～二十分鐘，並以每隔一小時的頻率，在受傷後兩天內持續冰敷，以達到最好的效果。

跑鞋怎麼挑

跑鞋的學問很深，幾乎都可以寫成一本書了，但囿於篇幅，在此僅能彙整重點。

我經常被問到：「練習跑步時需要幾雙跑鞋？」我通常會回答：「至少要兩雙。」一雙是「慢跑用」，一雙是「速度訓練‧比賽用」，理想上最好前後都各有兩雙，因此總共需要四雙。

我也常被問到：「醫師您本身擁有幾雙跑鞋？」我的鞋櫃裡有超過二十雙跑鞋，但實際上會使用到的共有四種用途，包括「慢跑」「賽事」「速度訓練」「越野跑」，每一種各兩雙交替穿，因此嚴格說起來是八雙。

為了延續跑鞋的機能性，建議同一雙跑鞋的使用頻率不要過高。為了讓跑鞋在使用後能恢復彈性等機能，必須讓跑鞋有適當的休息。我在前面也有提到，一旦跑鞋的彈性等機能變差，練習時，發生跑步傷害的機率也會隨之提升。

在這當中，慢跑鞋的使用頻率最高，如果眼花撩亂不曉得選哪一雙好，不妨優先考慮不容易受傷的款式。挑選跑鞋時需要注意以下三點：

①完整包覆雙腳

②著地衝擊時，能承擔足底壓力

③可以順暢地推蹬

這些都是我挑選跑鞋的重點。具體來說：

①腳跟到腳趾之間合腳很重要；腳跟處要硬且要被充分包覆；鞋舌部分的伸縮性要好（最近偏愛織面），並有可與腳背完全貼合的紮實厚度。

②鞋體要有極佳的抗扭轉性（不容易扭轉，而且能迅速回復原本的形狀）。

③彎曲鞋底並不是指全部都呈彎曲狀，而是從足部食趾根部延伸至小趾的水平線上，即鞋底前部有上揚曲面的設計，能明確區分出前腳掌與後腳掌。一體成型的平面式鞋底則可以完全彎曲，適用於鍛鍊腳力、矯正跑姿等目的，但對於首次挑選跑鞋的人來說則過於進階。

前往運動用品店挑選跑鞋時，除了要確認長度、寬度的鬆緊與是否合腳之外，跑鞋的特性與功能得在實際試穿後才能了解。

運動用品店大多是以「跑鞋等級」來做推薦陳列。但這些「跑鞋等級」僅供參考，**還是要按照自己的足型、跑姿，來挑選適合的跑鞋。**

近幾年也有店家透過３Ｄ列印技術，和運動品牌合作推出虛擬試鞋功能（目前臺灣未有這項服務），各位不妨多加留意利用。

不同品牌的款式特色與概念大相逕庭，因此要仔細比較，才能找出符合自己需求的產品。

順帶一提，我通常會分兩次試鞋。不同的時間點去試鞋，可能會因水腫等身體狀況不同，合腳的感受也不同。兩次試鞋（若可能，可以稍微小跑一下）之後覺得適合才會買下。確定了適合自己的品牌和款式，就不會因產品進階或款式變化，導致在購買同樣尺寸規格的新款時，產生太大的差異。

大受歡迎的「厚底跑鞋」

在跑鞋當中，包括長度、寬度、腳背高、鞋底厚度等部位的設計，隨品牌不同，也有各式各樣的款式。

品牌跑鞋通常會依全馬的完賽時間，設計出不同的款式，建議新手跑者重點挑選彈性和支撐性高的款式即可。

不久之前，薄鞋底的輕量跑鞋還在知名選手間蔚為主流，如今又因「厚底跑鞋」[*1]締造了馬拉松日本新紀錄，再度廣為流行起來。

隨後，日本國內外的頂尖跑者，以及箱根驛傳中許多跑者都穿上了同款話題跑鞋[*2]。這款跑鞋的一大特徵，是鞋底內置可提高前進時反彈力的推進板，這也是從未導入過跑鞋的全新設計，就像在穿彈簧鞋一樣。

這款鞋如果適合自己雙腳，自然是如虎添翼，或許能刷新個人最佳時間；但如果不合腳，就容易導致受傷，這一點也請務必評估進去。

穿新跑鞋先要從暖身開始，接著才是短距離的訓練，等到慢慢習慣之後，再融入訓練之中。

赤腳鞋

說起跑鞋，也不能不提到幾年前電視劇爆紅後反應熱烈的「足袋鞋」。這源自於「鞋子對腳

---

*註1：可參考新聞https://www.cna.com.tw/news/aspt/202003010198.aspx。
*註2：可參考新聞https://www.thenewslens.com/article/129636。

過度保護，導致人類雙腳功能逐漸退化」的質疑，由老字號企業推出以最低限度彈性自然著地的鞋款。

起初以腳跟著地，但在不斷踩到砂石感到極大的痛楚後，大腦會因「想要無痛著地」，半強迫地讓雙腳與姿勢改為用腳掌或腳尖著地。

遺憾的是，我沒有穿足袋鞋跑步的經驗，只穿過概念上比較接近的運動涼鞋進行練習。練習兩個月下來的感想是，肌肉受到跑步以來從未有過的刺激（肌肉變得疼痛不已），而著地部位也確實往前移了。

保養被雨水浸溼的跑鞋很重要。若是運動涼鞋，稍微水洗後靜置風乾就好。對於常上山下海的全方位跑者也很適合，此外也很合腳，不容易長肉刺，而且可以簡單固定或微調。習慣之後，完跑全馬也是種愉快的練習。

但是要注意，不習慣的跑者可能會因足底受到的衝擊較大而引發足底筋膜炎。而且這種鞋穩定性較一般的跑鞋差，也容易發生扭挫傷。建議最好在「坡度平緩的平地短距離跑」時穿。

運動貼布、壓縮小腿套（肌貼）

各位在平日練習或正式比賽時，會使用哪些護具來保護身體呢？具體來說，有肌貼、壓力褲、壓縮小腿套等護具。

有些跑者在受傷之後，由於擔心慢性傷害，會使用運動貼布來固定關節，並預防扭挫傷和肌肉拉傷。也有跑者使用壓力褲和壓縮小腿套來減輕疲勞、調整跑姿，或是提升跑步時的表現。

我身為田徑運動員專科門診醫師，會在治療中為患者進行貼紮，自己卻幾乎沒使用過運動貼布。我想原因之一是，自己在訓練之後，身體變得不容易受傷；二來是跑步時會太過在意貼紮的部位，因而影響流暢感。如果真的無可避免進行貼紮，我也不會太勉強自己繼續跑，而是讓身體好好休息。

賽事中常看到貼著肌貼的跑者，我是只在比賽時使用壓縮小腿套。

我第一次跑全馬的時候，比賽一結束，比起心肺的難受，反倒是小腿肌感到了相當強烈的疲勞感。如今學習到許多跑步知識之後再回想起來，使用小腿推蹬地面，其實就是我們常聽到的「跑步經濟性」（跑步效率）中所謂的不良跑法。

有一次比賽後，我在某個品牌的攤位花車上看到了五花八門、各具功效的護具，最後買了壓縮小腿套。

不過，我在之後的練習都沒用上，直到第二次全馬才初次使用。我不知道是不是壓縮小腿套的功勞，比賽結束之後，小腿的疲勞感比起初次全馬時減輕許多。也因為這次的經驗，壓縮小腿套在我心中躍為「特殊地位的護具」，之後我每一場比賽都會穿戴。

經由貼合小腿並適度壓迫（漸增壓力），可以減低跑步行進時肌肉的晃動，同時促進血液循環，減輕疲勞感。

使用的感覺自然因人而異，不過在最近東京馬拉松、福岡國際馬拉松、琵琶湖每日馬拉松等國內頂尖跑者群聚的賽事中，大多數參賽選手都有穿戴壓縮小腿套。

也可以使用一體型壓縮跑襪（高筒款式），可以全面包覆腳底，有效減低阿基里斯腱及腳背肌肉震盪，對於擔心阿基里斯腱受傷的跑者來說，也是個不錯的選擇。我之前曾經穿過壓力褲，總感覺跑起來不太流暢，但應該很適合在冬天較寒冷的時節作為保暖用。

壓力褲（壓力襪、綁腿）

不少跑者在練習時會穿著壓力褲，但我不建議各位這麼做。原因是穿著壓力褲，會影響我們在練習過程中鍛鍊肌肉的效率，而這些微小的影響也會影響我們的跑姿（降低跑步效率）。

比賽時也一樣，途中可能會在炎熱、降雨等天氣下跑步，不容易穿脫的壓力衣褲反而造成不便。而衣褲帶來的壓力超過身體負荷時，也有可能造成不想繼續跑步的心理狀態。穿著壓力衣褲有好有壞，但必須記得身體負荷的壓力有「極限」。若無論如何都想穿，建議穿壓力短褲即可。

路跑襪

路跑襪也是相當重要的跑步裝備之一。從形式到機能都相當多元，款式也很多種。在此先向各位介紹一般路跑襪和五趾襪的差異。其中一方的缺點通常可說是另一方的優點。

首先是穿著的便利性，比起要把趾頭一根根塞入的五趾襪，不用說，自然是一般路跑襪大勝。在防止長肉刺上，五趾襪透氣性通常較高，趾頭間不會直接接觸，較不容易形成肉刺。不過如果五根趾頭沒有確實塞入趾套內，反而會造成反效果。還有一點要注意，穿五趾襪時，腳前端會變寬，如果穿著前段較窄的跑鞋，容易產生壓迫感。

在施力上，我認為兩者差不多。穿著五趾襪確實看起來每一個趾頭都能靈活運用，不過若要比較抓地效果，不受襪子間隔緊貼的腳趾，反倒可以施加更大的力道。

在持久性上，一般路跑襪較佳。進行訓練時，我大多穿著容易穿脫的路跑襪；正式比賽時，則會為了充分感覺腳趾改穿五趾襪。但最重要的還是跑襪和跑鞋的契合度。

關於跑後恢復

訓練後的收操、動態恢復

進行強度高的訓練時，流往下肢的血液會比平常更多。如果突然間停止練習，血液一時間無法順利回流，就會導致貧血。此時可以透過收操暖身達到緩解的效果。

此外，如果要有效排除運動後堆積的乳酸等代謝物質，我很推薦游泳和騎自行車。只要以平時強度的二十～三十％進行十五分鐘，就能排除大部分的乳酸。

按摩與伸展

按摩可以推動沉積在身體的老廢物質，也有提升血液在肌肉中流動的氧化效果。不僅身體可達到放鬆的狀態，連內心的疲憊感也彷彿減輕許多。

在浴缸泡澡時，流動的水能帶來額外的按摩及溫熱功效；在安靜且溼度高的環境做深呼吸，也有安定思緒的效果。

伸展可以讓肌肉與肌腱相互強化，提高神經的敏銳度與傳導速度。即使只是運動前的短暫伸展，只要充分暖身，就能有效預防受傷，並達到放鬆的目的。伸展主要區分成**靜態伸展**（肌肉拉伸至最大程度後靜止）和**動態伸展**（模仿即將進行的運動，同時拉伸肌肉）兩大類型。

首先，靜態伸展包括阿基里斯腱伸展、抬腳、前後屈伸等等，緩緩伸展肌肉的同時，也有近似按摩的效果。但要注意拿捏得宜，一旦伸展力道過大，而肌肉還沒充分升溫，就有可能受傷。

前面雖寫到有類似按摩的作用，但肌肉一旦進入放鬆狀態，瞬發力（爆發力）和肌力也會隨之降低，因此**不適合作為運動開始前的準備動作**，主要還是作用在練習結束後處於升溫狀態的肌肉，以減輕疲勞及預防肌肉疼痛。

動態伸展則是讓身體一面活動，一面伸展肌肉，肌肉緩緩升溫的同時，藉由肢體活動擴展關節可動範圍。此時心跳數會增加、呼吸變快，非常適合作為比賽前的準備運動，也可以讓肌肉事先模擬實際進入比賽時的狀態。我在靜態伸展時會盡可能拉長伸展時間，動態伸展時則是以關節為中心，利用肌群本身的重量產生離心力活動身體。

冷熱水交替浴（入浴法）

「比起淋浴，泡澡在恢復疲勞的效果上更好。」我也有過如此的切身體驗。而更有效率的泡澡法還有「**交替浴**」。

所謂交替，就是讓身體輪流接觸熱水和冷水。大體來說，泡在熱水中約五分鐘之後，就換成冷水一分鐘，如此交替進行五組。末梢血管在熱水中會擴張，而在擴張狀態中浸入冷水時，血管會急速收縮，可以有效排除身體累積的老廢物質，相當適合早期的疲勞恢復，同時也有消除水腫的效果，特別推薦馬拉松後半程雙腿總是沉重不堪的跑者一試。

在我指導的選手當中，不少人也透過**一個月來每天做交替浴，快速改善馬拉松後半三十公里後的疲勞感**。不需要特別調整訓練菜單，只要善用交替浴就有一定恢復疲勞的效果。若在家裡進行，可以連同肩膀一起泡在熱水裡五分鐘，之後用冷水把下半身沖一遍。最後則要利用冷水讓血管回到收縮狀態，這也是進行交替浴時比較少人留意的重點。

每日管理身體的訣竅

計算起床後每分鐘的心跳數，做好身體管理

建議各位可以計算自己起床之後每分鐘的心跳數（也就是我們常聽到的「安靜心率」*），來判斷當天的身體狀況（疲勞程度）。如果身體累積了過多的疲勞或壓力，心率就會偏高。

測量結果因人而異，我每分鐘的心跳數基本上是四十八次，狀態不好的時候會多一點到五十五次。如果能累積三年的計算數據，準確性會更高。一開始可以先以一個月為期，每天測量，扣除前一天有高強度訓練、睡眠不足、酒聚熬夜等天數，得到的平均值差不多就是安靜心率。

持續練習馬拉松的過程中，一般會把這種心率逐漸變低的現象稱做「運動員心臟」。頂尖跑

*註：透過休息時每分鐘的心跳次數，了解心臟肌肉功能的狀況。

者大多容易出現心搏過緩的情況，而且就算提高訓練強度，心跳數也不容易增加，這也會在一定程度上影響比賽中的表現。由於心率增幅不大，就不容易感到痛苦（增幅一大就容易流失能量、導致失速），心肺功能和雙腳就能保持穩定進行比賽。此外，也可以利用這一點來決定訓練強度。

很多跑者會根據目標時間來設定配速及訓練菜單，不過這對一般人來說難度較高。因此，不妨先透過心跳數管理、了解自己目前的實力，評估練習強度，量身訂作出一套防止過度訓練、衡量疲勞程度的訓練菜單。因為受傷無法練跑時，也可以進行其他提升心跳數的訓練，盡早回復狀態。

看心跳數、尿液的顏色

在間歇跑等訓練之後，我們的心跳數會急遽增加。身體快跑時，血液會將氧氣輸送到身體各處，因此必須提高心臟的心輸出量（每一次心輸出量乘以心跳數的結果）。

除了前面提到的「心率增幅大小」之外，也可以觀察安靜狀態下（休息時間）需要多久時間才能回復穩定的心跳數，來衡量自己的心肺耐力。例如實行同樣的訓練菜單，半年前要花上十分鐘，如今只需要五分鐘，可以由此判斷心肺耐力有所成長。

要讓身體恢復到敏銳、清醒的狀態，並不是要讓身體呈現完全休息靜止的狀態，反而是要透過輕鬆地慢跑來快速回復。這也是應用在間歇跑的休息法原理。

尿液顏色會受到各種因素影響，難以一概而論。身體一旦脫水，尿液會呈現濃縮狀態，顏色則為濃橘色。各位當中應該也有不少人在高強度練習或比賽後，發現尿液呈現偏紅色的。

研究報告也指出，接近半數的馬拉松跑者都曾有過這樣的經驗（我也有過）。

報告中同時舉出幾點原因：跑步時腎臟會上下震動，而腳掌在反覆著地衝擊之後，紅血球會遭到破壞（溶血），並從尿液中排出，因此又被稱做血紅蛋白尿（hemoglobinuria）。此外，劇烈運動會破壞肌肉，特別是橫紋肌溶解症，大量肌蛋白從尿液中排出，也會出現血紅蛋白尿。

這是一種幾乎無法察覺的無症狀型血尿，通常一～兩天後就會消失。如果持續出現血尿，很可能是其他因素導致，建議前往醫院就診。

運動會讓身體組織細胞對氧的需求量增加，流經腎臟的血液變少而吸收下降，導致蛋白質和紅血球一樣由尿液排出，這種現象也是蛋白尿的一種。一旦肉眼觀察到異狀，即使身體無恙，還是建議前往醫院檢查。對於運動員來說，定期健康檢查是很有必要的。

「貧血」出乎意料的可怕

除了我在本章開頭提到的跑步傷害，長距離跑者還會遇到兩種特殊狀況，我認為廣義上來說也屬於跑步傷害，那就是：「貧血」和「過度訓練症候群」。接下來將為各位依序解說。

即使是和平時相同的練習項目，練習中卻比以往來得疲累難受，而且無法順利發揮原本的表現。像這種情況就有可能是**「缺鐵性貧血」**。我在臨床門診時，會先建議遇到類似情形的患者抽血檢查。如結果不是太嚴重，大多只要針對貧血症狀進行治療，之後還是能一口氣提升成績表現。

到底為什麼田徑選手（大多是長距離跑者）容易發生貧血的現象呢？造成貧血的主因是缺乏鐵質，因此大多屬於缺鐵性貧血。**缺鐵的原因則可以分為「攝取不足」和「流失過多」兩種。**

首先，在鐵質的攝取上，各位讀者是否都有充分攝取鐵質呢？請試著回想自己目前的飲食習慣。在這一點上相當有自信、嚴格控管營養的跑者面前，我這麼說似乎是班門弄斧了，但還是有很多人不知道，貧血是維持均衡飲食不能忽視的警訊。

基本上，一天三餐建議在固定的時間用餐，而且營養要均衡。盡量避免因忙碌而不吃早餐、睡前吃消夜，或是正餐之間吃太多零食。事實上，相當多長距離跑者為了控制體重，都採取了極端的飲食控制。

其次，要多攝取含鐵質的食物，尤其是富含體內吸收率高的血基質鐵的肉類、魚類等動物性食品，也不要忘了一併攝取能**提升鐵質吸收率的維生素C**。在用餐時有飲用咖啡或綠茶習慣的跑者則要注意，這類飲料中含有單寧成分，單寧一旦和體內的鐵質結合，會阻礙鐵質吸收。

再來是鐵質流失過多。對於長距離跑者來說，練習時不可避免得跑上一段長距離，在大量出汗的情況下，鐵質也會從身體中流失。至於常在堅硬路面跑步的跑者，著地衝擊也會破壞腳底的紅血球。而對多數女性跑者來說，生理期是導致缺鐵性貧血的主要因素。

「注射鐵劑」

各位可能看過使用興奮劑的相關報導，運動員自行注射不適當的鐵劑，目的是提升自己比賽時的表現。這在現役運動員，以及身為未來運動員的國高中生當中，也是備受關注的社會議題。也有看過媒體大幅報導過國高中生任意自行注射鐵劑，卻引起併發症，因而大幅縮短選手壽命的消息。

現在全國中學驛傳大會的出賽學校當中，關於選手注射鐵劑的情況，必須事先以書面提出申報；全國高中驛傳大會也一樣，參賽者必須提供血液檢查、身高體重等數據。日本田徑協會也發行指導手冊，呼籲選手不要自行注射鐵劑。

儘管現況如此，仍有教練或選手認為，透過簡單的注射就能快速達到治療效果。

但絕對不能忽視的是，**貧血治療的基本是早中晚的飲食習慣**。我在醫院治療貧血的運動員時，首先要求的就是改善飲食。如果一時間未能獲得改善，也不會進行鐵劑注射，而是讓運動員透過口服鐵劑來攝取。

也就是說，注射鐵劑是在必要的症狀下才不得不使用的最後手段，例如因口服藥物產生副作用而難以經口服治療的困難病例、出血過多導致大量流失鐵質、口服治療速度太慢等緊急突發狀況，或是因消化器官疾病導致口服困難等時。其實我也有缺鐵性貧血的問題，由於很難光靠飲食改善，曾經短暫口服鐵劑，但鐵劑的味道真的很難以入口。

固守治療的基本順序，才能確實保護自己的身體，同時防止接下來要向各位介紹的副作用。

在田徑選手當中，雖然根據年齡和項目略有差異，但基本上，男性的血紅素最低標準為14g/dl（克/分升）以上，女性則是12g/dl。

一般抽血只會檢測出血紅素值，不過，「儲鐵蛋白值」對於掌握貧血症狀也很重要。這是人體組織中所儲存的鐵質，也是缺鐵的一大指標。如果血清鐵蛋白原未滿12ng/ml（奈克/毫升），就可能是缺鐵狀態。除了經由血紅素判定是否需要接受治療，判定治療效果、有無副作用（預防鐵質過剩）、決定結束治療的時間點等，也相當重要。

貧血以口服鐵劑治療時，以為血紅素數值恢復正常、治好了，可以就此結束療程，但其實，身體根本沒有還沒儲存足夠的鐵，因此很快又會出現缺鐵性貧血的症狀。請各位務必記得，儲鐵蛋白值回升至正常範圍只是初期的治療效果。

以我的親身經驗來說，建議再追加三個月的療程。出現貧血症狀時，貧血通常已經持續了好一段時間。因此一旦察覺症狀就要迅速就診，或是透過定期抽血掌握身體狀況。

說到為什麼不適合任意自行注射鐵劑，對人類來說，身體並沒有將鐵質從體內積極排出體外的系統，如果頻繁注射鐵劑而導致鐵質過多，會導致鐵中毒。症狀輕則包括頭痛、嘔吐，嚴重一點甚至會引發休克等現象。此外，無法排出體外的鐵劑會蓄積在心臟、肝臟等臟器中，引發心律不整、心臟衰竭、肝衰竭。身體一旦已經出現這些狀況，不難想像長期下來對跑步會造成多大的影響。

過度訓練症候群

各位或許沒聽過「過度訓練症候群」，我認為這在心理層面上和職業倦怠是很接近的症狀。基本定義是「來自訓練的壓力，以及訓練之外的壓力所累積的狀態。不管是否出現生理或心理的症狀，長期下來都會導致表現低落」。

如果沒有充分休息仍持續嚴苛的練習，身心的疲勞會瀕臨破表。主要症狀包括失眠（明明已經到了就寢時間）、疲勞難以消除、不想練習、對跑步失去興趣等。

這些症狀光是休息也無法恢復，而且可能會持續達數星期至數個月以上。

容易發生過度訓練症候群的人

首先，對於過度訓練症候群抱持正確的理解與知識很重要。而且要能客觀掌握自己基本的身心狀態。壓力累積時，就可以防止自己勉強進行訓練，並在症狀變嚴重前採取因應對策。

在事前的預防上，建議不要制訂難以達成的訓練計畫。要記住，訓練對身心都是一種負荷，必須取得其中的平衡。我會在每天的訓練日記中，一一記下起床時的心跳數、心理狀態、訓練強度和主觀感受的疲勞程度，透過這些資料可以確知自己身心狀況的好壞起伏。

「那時工作明明很累了，卻還是勉強自己」「很擔心即將到來的比賽，不小心訓練過頭了」「覺得自己狀況不錯而增加了重點練習的次數，結果受傷了」，像這樣具體記錄下自己在訓練期間的身體變化。

打造不受傷的身體

這一章是從「設法預防跑步受傷」的角度出發，解說相關方法。事實上，「打造不受傷的身體」是一門很深的學問，很難用一個章節就完整介紹。

最重要的是，「掌握自己身體的特性（包含跑姿）」。

打造不受傷的身體有兩個必要條件：①「不容易受傷的身體」②「受了傷也能快速恢復的身體」。若能如此，也稱得上貨真價實的超人跑者了吧。

①的重點是：建立預防跑步受傷的知識、選擇適當的裝備、強化核心肌群並建立軀幹的穩定性，以及鍛鍊使用不易受傷的大肌群的能力。

②的重點是：盡早察覺身體的疲勞和變化、仔細觀察身體狀況並適度休息、症狀控制在輕微程度避免惡化、治療上要優先安排防止復發的復健訓練。

此外，建議定期做包含貧血檢測的健康檢查，不過最重要的還是每日的自我檢視。這樣可以更早、也更敏銳地在受傷前階段，感受到從身體所發出很輕微的「不適感」訊號。透過一一檢視自己在日常中的練習欲望、睡眠、食欲、排便狀況等面向，以及安靜時心跳數、體溫、體重的變化，對身體狀況進行綜合且全面性的判斷，並建立起隨時隨地記錄身體狀況的習慣。長期下來，就可以掌握身心對季節變化、訓練內容的各種反應與固定模式。透過觀察到的變化，才能修正既定的訓練菜單，也不再只是將貧血問題丟給內科、過度訓練轉向身心科、跑步傷害就去整形外科，而是真正打造出最適合自己的最強自製跑步菜單。

第4章

飲食與睡眠

PART 1
跑者的營養學

馬拉松與蛋白質

蛋白質和醣類、脂質被稱作三大營養素，是生命活動不可或缺的物質。

蛋白質具有各種作用，除了組成人體肌肉，人體各部位的氧氣也是靠血紅蛋白運送。人體內蛋白質不斷地分解與合成，以維持身體機能運作，有時也是能量的來源。

蛋白質由「胺基酸」構成，對體力和免疫系統有很大的影響。在這當中，無法由體內合成、只能經由飲食補充攝取的稱做「必需胺基酸」，評價胺基酸含量的數值叫做胺基酸分數（Amino acid score，AAS）*。

*註：一種以化學方式評估食物蛋白質營養價值的方法，單一食物蛋白質或混合食物蛋白質都適用。

攝取蛋白質時，可以選擇胺基酸分數較高，也就是必需胺基酸平衡且足量的食品，具體來說包括大豆、雞肉、雞蛋、豬肉、竹筴魚、鮭魚、鰹魚、牛奶、牛肉等。

一般來說，成人每一公斤的蛋白質必需量為一公克，如果經常從事馬拉松等持久性競技，每一公斤的必需量為一・四公克。若是進行田徑、投擲或是越野跑等，在耐力之外，整體來說還需要瞬發力的競技，建議攝取量為一・八公克以上。

BCAA「有用」嗎？

再深入一點來看，我認為最重要的胺基酸之一還包括BCAA。

各位曾經仔細看過補給食品的成分表嗎？BCAA又叫做支鏈胺基酸，富含在我們的肌肉中，是能量的重要來源，並能有效維持高強度運動的表現。

BCAA可以促進肌肉中蛋白質的合成、抑制分解，**預防肌肉因間歇跑等重點練習產生損傷，在消除疲勞上具有一定的效果。**有些雜誌報導會說：「有氧運動等較緩和型運動可以燃燒脂肪，短跑等強度較高的運動會消耗蛋白質」。針對這個說法，在此向各位進一步解說。

應該要注意的是，這些運動都需要我在前面提到的必需胺基酸，而且人體無法自行合成，**必須透過飲食有效攝取。**如果難以充分從飲食中攝取，建議在練習前或練習過程中，簡單攝取膠囊或顆粒粉末的補充劑。

其他好處還包括讓脂肪燃燒更有效率，並能減緩造成馬拉松最後失速原因的「乳酸堆積」，支撐身體順利完賽。此外，也可以強化容易因過度訓練而失去平衡的免疫系統，降低比賽前感冒的風險，有助於打造更強健的體質。對於持續練習馬拉松的跑者來說，攝取足夠的蛋白質和胺基酸相當重要。

其他重要的營養素

均衡攝取營養素很重要，不能抱著「攝取這一種就夠了吧」的心態，對於跑者來說，「幫助鐵質吸收的**維生素C**」，以及「具有消除疲勞效果，幫助醣類轉換能量應用的**維生素B_1**」，都是需要重點攝取的營養素。根據研究顯示，**一旦缺乏這些營養素，馬拉松賽事中最重要的「最大氧氣攝取量」也會隨之降低。**

對於運動員來說，醣類是不可或缺的能量，如果維生素B_1攝取不足，醣類就無法轉換成能量。當醣類攝取較多，可以積極食用富含維生素B_1的豬肉、大豆和黃綠色蔬菜。不過，若攝取太多果汁或甜點，會過度消耗體內重要的維生素B_1，這點還請務必留意。此外，為了調節身體狀況，也可以多攝取大量礦物質*（納、鉀、鎂、鈣），每天只要喝二～三杯牛奶即可。

從點心開始「補」

在跑者的日常飲食中，最重要的就是「**早中晚三餐適量攝取必需的營養素**」。不過在正餐與正餐之間的點心，我們通常只吃和菓子（日本傳統糖果、糕點等總稱）等甜點。

一般來說，甜點的卡路里比較高，也含有較多的脂肪，要非常注意攝取時間和攝取量。偶爾吃甜點雖有助於放鬆及消除壓力，但盡可能在白天時食用，若在活動量偏低的夜間攝取，容易產生過多的脂肪。

為了不讓自己在補給能量上有太多罪惡感，我很推薦能調節身體狀況並恢復疲勞的補給點心。像點心一樣在正餐與正餐間攝取就好，目的是讓我們在最恰當的時間點攝取必需的營養，才能為練習帶來最好的效果。

首先是攝取時間，練習前兩小時至一小時之間，很適合這種黃金時間外的簡單補給。如果是夜間練習，午餐過後也有時間攝取。如果練習時血糖值偏低，而且攝取熱量不足，會導致注意力

*註：macro-minerals，又稱主要礦物質或巨量元素。

降低，也容易引發跑步傷害。

建議食用促進胃酸分泌與消化吸收的寒天或香蕉。香蕉富含鎂和鉀，對於改善小腿肌痙攣有很好的效果。我自己是喜歡吃水煮蛋和綜合堅果（無鹽烤），或是小魚乾這類食物。如果當天結束工作回家後要練跑，我會在傍晚時稍微吃一點。

訓練和比賽之後的醣類與蛋白質補充

重點練習等速度型訓練，或是對雙腿負擔較大的比賽結束後，肌肉纖維都會遭到破壞。因此，為了促進身體快速修復，攝取相關營養就相當重要。適合修復的時間，也就是所謂「黃金時間」，一般是指運動後三十分鐘以內。雖然都說「愈早愈好」，但我認為，**黃金時間在實質意義上指的就是練習之後的補給**。我也在電視上看過箱根驛傳中實力強大的團隊選手交棒*後，就直接進行補給的畫面。

話雖如此，幾乎沒有跑者真的能在竭盡全力完賽後就大吃大喝。在血液無法流往腸胃的情況下，就算一堆補給品下肚也是難以消化。

---

*註：日文為タスキ（tasuki），為用來綁住和服袖口的布條，後來選用作為驛傳傳接的信物（類似接力棒）。選手交棒時要在中繼區親手交給下一位跑者，接棒的選手必須斜掛在身上，並將其拉緊。

我在這裡想強調的是，比起吃的量，質本身更重要。之前有人說「訓練後的蛋白質補充」，但我認為這種說法並不精確，練習後，即使攝取大量蛋白質也無法吸收。蛋白質當然很重要，但我認為，**此時更應該充分攝取碳水化合物（醣類）和水分**。固體食物也無妨，例如鮭魚或鮪魚飯糰就有相當均衡的營養素。如果吃不下固體食物，也可以用晶凍能量飲料取代，但要先確認含有足夠的醣類再行攝取。如果是能夠促進吸收、同時富含維生素的食物就更好了。

訓練期間的隨身補給品與補給時機

各位在日常練習或長距離跑時，會隨身攜帶哪些物品呢？我想大多數人會帶水（包括運動飲料）、能量果凍或能量棒等補給品吧。我練跑的範圍通常會在公園等有飲水設備處五公里以內，因此不會帶水。保險起見，我會準備一個能量果凍放在口袋，不過印象中幾乎沒有在練習時補給過，真的只是帶了心安而已。

不帶水的原因在於，比賽中有補給站，因此參賽時選手不用揹著水跑步，而我希望自己在練習時也能掌握和比賽時一樣的感覺。通勤跑*則要注意，背背包時雙肩通常會出力，容易影響跑步姿勢。

不帶水的另一個原因是，可以讓脂肪順利轉換成能量，打造不容易能量不足的體質。即使身體中的醣類不足，也可以優先且有效率地利用脂肪作為能量，也就是所謂的生酮體質。但這種做

*註：通勤ラン一詞源自日本的超馬運動員關家良一，國外則以「Run Commuter」形容跑步上下班的人。

法有一定的危險性，建議各位不要模仿。不過即使在沒有補給，一般人也可以跑三小時。

至於攝取水分的時機點則是，當我們感到口渴，通常已經呈現輕微的脫水狀態，因此要盡早並少量補給水分。例如每五公里補給一次，也可以視自己身體狀況決定補給間距。

日本運動協會曾建議，在馬拉松等耐力型競賽中，賽前可以補給水分兩百五十～五百毫升，賽中則每小時補給五百～一千毫升*。

這也可以應用在國際性馬拉松和鐵人三項等長時間競賽中，此時也可以同時攝取補充鈉、鉀、鎂等電解質。比如看到補給站之後，將錠狀或顆粒狀電解質放入含水的口中，搭配服用即可。

如果跑步時光喝水，會覺得肚子裡有水晃動或發出聲響，也容易出現低滲性脫水（hypotonic dehydration）的現象。過量水分會稀釋掉血液中的電解質，甚至有致命的危險性。通常可以在約一小時的練習前後，補充五百毫升的水分，練習中則至少補充五百毫升，訓練強度較高時，則不妨稍微增加攝取量。

*註：據國際馬拉松醫學指導協會（IMMOA）建議，應每小時喝下四百～八百毫升的液體。

肝醣超補法

馬拉松跑者可能都聽過「肝醣超補法」（Carbohydrate Loading）這種飲食法，而且通常會認為是在比賽前大量攝取碳水化合物。正如字面上的意思，肝醣超補法就是醣類（Carbohydrate・碳水化合物）＋負載（儲藏）的意思。

碳水化合物由醣類和食物纖維所組成，在這種飲食法中，很重視將醣類轉換成能量的效果。如成功實行肝醣超補法，肌肉和肝臟可以儲藏平常兩～三倍的醣類。以前也風行過「古典版」的肝醣超補法：這方法是從比賽前十天或一星期前，開始實行減醣飲食，同時進行較嚴苛的訓練菜單來消耗醣類，直到比賽前三天，改實行富含醣類的飲食，並在一定程度上減緩練習量。總而言之，這種飲食法是在前半段大量消耗醣類，後半段則一口氣儲存醣類。

最近也有「改良版」的肝醣超補法，整體來說，從訓練到飲食都不像「古典版」這麼極端，推薦給各位讀者一試。方法是在比賽前四天或前三天之前都維持日常飲食，練習量比平常稍微降低，接下來在飲食上攝取更多醣類，同時再降低練習量。

如果用海綿來比喻，古典型就是澈底絞乾海綿水分，使其在吸收上更有效率，也就是所謂的回彈式效果。實際執行時，如果能抓準時間點，很有機會讓身體在比賽時達到最佳狀況。

不過，飲食或練習上的急遽變化，也可能讓身體狀況下滑、受傷，甚至累積過多的壓力。對於馬拉松這類運動而言，身心安定是最重要的因素，最好盡量避免這樣的風險。

改良型雖然沒有絞乾海綿水分，卻透過慢慢吸收，達到和古典型一樣儲存水分的效果。讓身體盡可能在負擔最少的狀態中，精神飽滿地站上起跑線吧。

建議的食物與適當的攝取比例

最近，減醣的瘦身飲食法相當受歡迎，相關書籍和雜誌也很多。比起來，肝醣超補法中也有「吃這些比較好」，以及「飲食中適合攝取的比例」，以下將為各位一一介紹。

醣類大致可分成單醣和多醣。單醣的代表食物包括水果、甜點等甜分高的食物，攝取後身體馬上就能消化吸收，並快速轉換成能量使用，幾乎不會儲藏在身體裡。但這並不表示身體不需要這些能量，而比賽中就屬單醣類的葡萄糖補給錠可以迅速產生效果。

多醣則富含於白飯、麵包、義大利麵、烏龍麵、番薯等含大量澱粉的食物中，身體需要花點時間消化吸收，也會儲存在肌肉和肝臟，為耐力型競賽的主要能量來源。醣類的吸收快慢很重要。如果臨時才在比賽中以飯糰補給營養，實際上，要到比賽後才會轉換成能量，因此最好在比賽前就食用完畢。

各位平常從飲食上攝取的醣類，比例大約在五十～六十五％。實行這類飲食法雖不至於百分之百都攝取醣類這麼極端，不過為了避免腸胃負擔，建議不要超過七十％。也要多攝取蛋白質和脂質。同時，幫助吸收、調節身體平衡的維生素和礦物質也很重要。

肝醣超補法經研究證實有實質上的效果，在頂尖運動員之間也相當常見。我個人實行過「改良版」的肝醣超補法，深深感受到對比賽的加分，不過最後，我還是想說說肝醣超補法的缺點，**也就是有可能增加過多體重**。醣類會以肝醣的形式儲存在人體內，當人體吸收一公克的肝醣，會一併吸收三公克的水，增加大約一～兩公斤的體重。雖然增加的是水分而非脂肪，但還是常聽到有人說：「實行肝醣超補法之後體重變重了。」對於體重增加這件事，在意的程度也因人而異。

我是增加了約一・八公斤，一來是我原本體重就比較輕，加上是有效率地儲存能量，比賽時完全不覺得身體變重，甚至有體內藏有一座能量庫的感覺。

說到底，體重是結果，太過在意只會造成反效果，不妨多專注在維持良好的飲食習慣和實質訓練內容上，對自己才最有幫助。

跑者與水分補給

水分超補法與甘油補水法

前面介紹的肝醣超補法，是透過暫時擴充身體肝醣容量，讓跑者精力充沛站上起跑線的方法。如果跑者也能同時補足水分，可說是如虎添翼。在此向各位介紹，我自己親身體驗後覺得效果很棒的**水分超補法（water loading）**。

伴隨著跑步熱潮，肝醣超補法如今已經是眾跑者矚目的焦點，而近幾年意外掀起熱烈討論的話題則是「水分的攝取方式」。

我身為實業團選手的隨隊醫師，除了選手的飲食，也格外注意他們在水分上的攝取。在攝取上，應該要注意的是喝了什麼？以及喝了多少量？尤其是選手集訓的時候，會參照營養師依飲食均衡原則設計出來的食譜，請調理師製作。就算已經準備了牛奶和茶，還有百分百柳橙原汁，每一次都還是會準備水，而且要避免飲用糖分過多的冰涼飲料或咖啡。

在我的印象中，無論在進食中或用餐時間之外，**都沒看過選手咕嚕咕嚕大口灌水**。反倒常看到選手們拿著五百毫升的瓶裝礦泉水，一邊走路一邊小口喝水的模樣。這麼一想，這正是水分超補法的基本做法吧。

人體的成分中六十～七十%是水分，一旦脫水，表現會瞬間滑落，最壞的情況還會致死。身體在活動時，為了避免體溫上升過高，會透過發汗的機制散熱，不過當比賽或練習環境的氣溫和溼度較高，對身體也等同明顯增加了運動強度。

醫學數據顯示，水分失去二%就會影響跑步表現，脫水的風險也會提升。換句話說，**必須將水分消耗抑制在二%以下，才能穩定發揮原有的實力**。

當我們開始感到口渴，身體大概已經呈現輕微脫水的狀態。大腦一接收到口渴的危險訊號，會立刻對身體下達攝取水分的指示，因此人才會出現大口灌水的行為。如果因此酣暢淋漓地灌到飽，身體反而會不知道怎麼處理一口氣湧進來的大量水分。身體才因為運動正處在調整的狀態，卻意外接收了這麼多水，只好努力將水分排出體外。最後，明明想幫脫水的身體補水，卻都成為尿液排出去了，不僅失去了水分補給的意義，還加重了胃與腎臟的負擔，跑步狀態也變得更差。

針對水分因流汗而流失的補水對策，如果光是攝取水分，可能會引發電解質濃度滴下的低滲性脫水症狀，這種症狀也被稱做水中毒。當我們因為脫水而攝取過多的水分和低濃度的運動飲料，超過腎臟排水能力的最大極限，會導致稀釋性低鈉血症，並引發肌肉痙攣的症狀。在馬拉松賽事或日常練習時莫名出現痙攣的跑者當中，不少是這個原因所導致。和肝醣超補法一樣，不要一口氣喝很多水，而是慢慢喝，**在不造成內臟太大負擔的前提下，將水分儲存在身體中很重要。**所謂慢慢喝，具體來說是一次一百五十～兩百毫升（約一小杯水量），一天的基本量建議在一千～一千兩百毫升。各位可以在正式比賽前一週或五天前開始即可。

有些跑者會同時實行水分超補法和肝醣超補法，建議可以稍微錯開時間，例如剛起床時、早餐前或就寢前積極進行就好，這樣也有放鬆和恢復疲勞的效果。

有人或許會問，水分補給時，也可以喝水龍頭流出來的自來水*嗎？

答案是NO。水的種類根據硬度上的不同，大致可分為軟水和硬水，並依據WHO（世界衛生組織）對鈣、鎂的含量規定，會做更進一步的區分。具體來說，硬度在一百二十毫克（mg）以下的是軟水、一百二十毫克（mg）以上為硬水。

自來水是軟水，喝起來比較溫潤，但由於礦物質含量不足，因此不建議以自來水補給。但是要注意，硬度太高的水容易導致腹瀉（有人將這種特性反過來運用，在控制飲食時飲用硬度一五

*註：日本的自來水在進入每戶家庭前會經過一連串消毒過程，基本上不需要煮沸就能生飲。

〇〇的水來改善便祕），也帶有苦味，建議慢慢少量攝取硬度適中的水就好。

出國旅行時，應該有不少人因為飲用水而導致腸胃出狀況，這不只是因為細菌等傳染病，也和水質的硬度有關。一般來說，國外提供的飲用水大多是硬水（臺灣北部多為軟水，中南部為硬水），因此參加海外比賽時要十分留意。順帶一提，我不管去到哪裡國外，都會購買兩種飲品，硬度都在三〇〇左右，避免影響腸胃。

接下來要分享比水分超補法更有效率的水分補給法，也就是「甘油補水法」（glycerin loading）。甘油可以在人體內合成，具有易與水分子結合的性質。簡單來說，甘油經攝取進入細胞時，會將細胞外的水分一併帶入，可以有效維持「細胞內的儲水量」。

理論上，比起細胞外的水分容易經由汗水或尿液排出體外，儲存在細胞內的水分較不易流失。相較於過去利用滲透壓補水的運動飲料，不僅更快見效，持久性也更好。包括馬拉松跑者、足球和鐵人三項選手都積極實行這種補水法。在一千毫升的水中加入甘油的膠囊或粉末，融化後即可飲用。

藉由這些賽前準備，無形中彷彿身體和裝備都升級成輕量的規格，對於在比賽中提升個人成績，有一定程度上的幫助。對於沒使用過這些方法的跑者來說，成績應有大幅的進步空間；而對於聽過卻因為不了解如何實行的跑者，也應該能感受到不小的效果。

PART 2

記錄自己的生活習慣

必要的睡眠時間

這麼問也許很突然，但不曉得各位都在幾點就寢、幾點起床呢？每天平均睡幾個小時呢？

有研究資料顯示，日本人平均睡眠時間為七・五小時（臺灣人的睡眠平均時數為六・八小時）。不過睡眠時間會受到年齡影響，也依每個人的情況有所差異，因此僅供參考。不少關於睡眠時間的建議都一致聲稱「每天要睡滿八到十個小時」，但在現代社會中，大多數人恐怕都做不到吧。

有些人需要睡很多，有些人睡很少就夠了，身為一名三十七歲的醫師，我通常會睡上七個小時。一般來說，隨著年紀變大，睡眠時間會逐漸減少，平均起來，大約每增加十歲，所需的睡眠時間就會減少約十分鐘。

也有報告指出，如今有多達四成的成年人每天睡不到六小時。當睡眠嚴重不足，不僅可能因疲勞駕駛而引發交通事故，工作上缺乏專注力容易出錯，也提高了罹患生活習慣病的風險。

相形之下，我們這些持續練習馬拉松的跑者，更需要充足的睡眠。如果在嚴苛的訓練後沒有好好休息，就會影響下一次的練習表現，並增加肌肉受傷的危險。睡眠和休息，和我們在跑步上的表現以及不易受傷有密切的關係。科學研究指出，一旦缺乏睡眠時間，**身體持續處在慢性睡眠不足的狀態，不僅注意力會降低，也會造成恢復肌肉疲勞的荷爾蒙分泌量減少，以及免疫力衰退**。不只是市民跑者，頂尖運動員也是如此，這也是為什麼許多優秀的選手相當重視高品質睡眠的原因。

讀到這裡，各位可能會開始有興趣了解，我們該怎麼做才能擁有高品質的睡眠，而這也有助於提升我們的表現。在此，我想傳達的重點是，我們要非常重視一直以來都被忽略的好好睡覺這件事。接下來要向各位介紹幾個重點，以及我的個人經驗。

①閉上眼睛

目的在於完全遮蔽來自視覺的資訊，是簡單又有效的做法。不少人搭飛機時會戴眼罩也是這個原因。即使沒有睡著，光是閉上眼，就能刺激成長荷爾蒙分泌促進修復身體的荷爾蒙。要特別注意，睡前盯著手機或電腦螢幕，大腦會受刺激而變得興奮，延遲入眠時間，睡眠品質也會下降。我會使用遮光窗簾，盡可能讓室內保持黑暗，也有隔絕外部聲響的效果。

②盡可能在固定時間起床、就寢

人體內部存在生理時鐘和晝夜節律，也可以說是我們的生活作息。無論是喝酒到深夜、或更極端一點熬夜當夜貓子，都會導致這種節奏顛倒錯亂。也有人是比預定時間早起很多，或是時間到了卻根本起不來，而且連續幾天都處在這種狀態。長途飛行後的時差症候群就是很好的例子。

我二十幾歲時在急救醫院上班，需要經常值班，因此長期處在緊繃且大腦保持清醒的狀態，作息當然也很混亂，如今的身體狀況也無法再承受那時的生活模式。還年輕時，就算前一天沒怎麼睡，還是可以進行嚴苛的訓練，直到三十歲之後，才慢慢開始懂得照顧自己的身體。換個說法就是，過去能完成的目標，現在就算經過同樣的休息時間與訓練強度，也未必能做到。

此外，從維持穩定的生理節律來看，並不建議各位常在假日補眠，或是白天睡太久，如此一來，反而會增加疲勞感。

③就寢前不要進食

睡眠期間腸胃會跟著休息，代謝也會變慢，導致身體容易囤積脂肪（體重增加）和消化不良，造成隔天身體不適。此外，腸胃為了在睡覺時努力消化食物，也會損耗能量，導致身體無法好好休息。

④適合身體的寢具

常聽到換了枕頭就不好睡的說法，而實際上，枕頭也是寢具當中影響睡眠舒適程度的重要角色之一。以我來說，只要降低枕頭的高度，我就能迅速入睡。不少人會使用較高的枕頭，但這類枕頭可能會導致頸椎彎曲，因此高度大約在三～五公分就可以了。各位可以量量看自己枕頭的高度。如果找不到適合自己的枕頭，不妨把浴巾摺起來自製毛巾枕，也有舒眠的效果。

⑤不要太常待在空調室內

如果太常待在舒適的空間裡，身體會逐漸習慣，也容易對戶外的氣候變化變得遲鈍。這並不是要讀者在大熱天中練習，但如果身體必須花太多時間來適應炎熱的天氣，會耽誤為了秋冬賽事準備進行的訓練。

馬拉松賽事中，低氣溫常集中出現在秋末到冬天（十一月後半～三月前半），就算是每年同時期舉辦的相同賽事，比賽環境每一年也都有不同的變化。比賽過程中，有時會突然下雨導致氣溫驟降，有時又日照強烈酷熱難耐，因此關鍵在於自身的適應能力，無論面對任何天氣都能保持一定的速度繼續跑。當身體習慣了各種環境，適應力提升，也是和對手拉開距離的一大優勢。

夏天時，我會一面小心中暑，盡量不開空調只吹電扇，騎室內運動自行車進行練習。身體直接接觸涼風可以降低體表溫度，感到涼爽的同時，也能進行難度較高的訓練。

冬天則是遵守外套和內衣間的層狀穿衣法則，身體動作不太會受到衣物的阻礙，也能幫助調節體溫。此外，為了避免空調溫度變化太大，可以使用室內循環扇來調節均衡室溫。

無論夏天或冬天，所有季節都一樣，基本上裝備不要穿太多。在保護四肢上，不妨多利用腿套或袖套，也要讓身體習慣調整脖圍、短襪、手套等隨身小物。這樣一來，不但能減輕練習時的壓力，提高比賽時的判斷力，動作也會更流暢，同時避免無謂的體力損耗。我在挑選每一種裝備時，也很重視同時評估裝備本身的優缺點。

計算你的標準體重（除脂體重）

在馬拉松練習中，「體重」是個令人頭痛的因素。例如在相同的引擎條件下，車體較輕的車輛速度才快得起來，但實際上要做到並不容易。

馬拉松和拳擊、柔道、摔角這類重量級別競技不同，反而更接近相撲這種無差別量級競技。相撲比賽中，有些體型較大的力士乍看實力很強，卻常因為體重過重影響速度，最後輸掉比賽。

馬拉松又是如何呢？觀看電視轉播的比賽就能一目了然，那些頂尖選手一字排開體態都很瘦。田徑競賽中，投擲或短跑項目的選手體格大多偏健壯。馬拉松則因為競技本身特性，身體在跑完四十二・一九五公里前必須長時間持續動作，因此負荷愈少的選手，過程中愈有效率。

在此先來談談體重。體重是身體消耗能量和攝取能量的收支平衡結果，因此進食時會增加，活動時會減輕。

雖然前面提到體重輕能提高跑步效率，可是一旦減過頭，就會導致貧血，也容易稍微活動一下就覺得累。以女性來說，還可能造成停經或骨密度下降，不僅有害健康，也明顯影響跑步時的表現。相反的，體重過重時，如同字面上的意思，就像跑步時背負著較重的行李一樣，跑起來會容易覺得疲累。而且體脂肪增加也會影響健康。

一般在訓練階段，我認為讓體重應維持在「不過輕也不過重」的程度，等到大約比賽前三週，再慢慢地稍微減重就好。

如果有扎實進行訓練，體重通常會慢慢下降，因此不要過度在意減重這件事。順帶一提，體重在很大程度上也受到飲食、排尿、排便的影響，因此盡量在固定時間量體重，並長期記錄較方便比較。最好的時間點是剛起床排尿之後。

體重是身體內六十～七十％的水分，以及肌肉、骨骼、內臟，還有體脂肪的總和。因此就算體重相同，體重的組成也很重要。最近的體重計大多附有測量體脂肪的功能，健身房等訓練場所，有時也會設置檢測肌肉量和體脂肪的儀器。除去體脂肪的重量就是「除脂體重」。如何維持除脂體重很重要，而這也和我一開始提到維持引擎強度（肌肉），同時減輕車體重量（脂肪）有密切的關係。

我在日本運動協會持有田徑競技教練的資格，我計算出了運動員必需熱量（kcal／天）的公式，以下向各位介紹。這個公式是「28.5 kcal／kg／天×ＬＢＭ（kg）×ＰＡＬ」，ＬＢＭ為除脂體重，ＰＡＬ則是身體活動等級。

以馬拉松這類耐力型競技來說，PAL在非賽季期間為一・七五，賽季訓練期間為二・五〇。那麼我們就來試算看看，若一名跑者的體重是六十公斤、體脂肪率為十%，在賽季訓練期間，一天應該要攝取多少卡路里。

若體重六十公斤、體脂肪率十%，體脂肪量即為六公斤。除脂體重則是六十公斤減去體脂肪量六公斤，所以是五十四。賽季訓練期的PAL是二・五〇，接下來只要代入公式就能得出結果。

28.5 kcal／kg／天×54（kg）×2.50＝3848（kcal／天）

賽事結束後，基本上就進入非賽季期間，就改用一・七五取代二・五代入公式，計算結果是2693（kcal／天）。比想像中更簡單就計算出來。

這是參考日本頂尖運動員攝取營養的模式，並依項目、級別差異所得出的公式。以此為基準，職棒球員或橄欖球員在增重時需要較多的醣類和脂肪；馬拉松這種耐力型競技或級別型競技，則需要較多的蛋白質。在不影響總卡路里數的前提下來調整營養攝取比例，並進行良好的體重管理，也有助於調整身體狀況。

醫學上正確的減重方式

談到肝醣超補法，前面提到人的身體吸收一公克肝醣，會連帶吸收三公克的水，因此反過來說，如果限制一百公克的肝醣攝取量，就能預期減少三百公克水，總計可以防止體重增加近四百公克。限醣飲食正是應用以上原理來輕鬆減重，因此廣為流行。馬拉松也一樣，每一位跑者都想輕鬆縮短自己跑馬拉松的時間。但在這一點上，很容易落入陷阱，也就是只顧著減重，導致身體出現狀況，肌肉量減少。就算體重因此減輕，但不健康的減重反而不利於跑步，甚至會有危險性。

偶爾會聽到「體重每減輕一公斤，就能縮短跑步時間三分鐘」這樣的說法，但真相並不只是縮短時間這麼簡單。

「身體負荷減輕，動作會更有效率」，從物理力學來看，這樣的想法是正確的。但如果誤以為「我需要縮短三十分鐘來達成目標成績，所以要減重十公斤」，因此進行更困難的訓練，不僅容易受傷，也會累積太多疲勞導致表現欠佳。此外，體重在短期內急速下降，必定是來自極端的飲食限制，這麼做會減少肌肉量，還會造成免疫力低下、身體狀況失衡等，如此一來，哪還有能力跑馬拉松呢？

運動是為了帶給世界上人們正面的影響，背後卻也潛藏著看不見的危機。因此在採用任何訓練和飲食方法前，都要先抱持懷疑的態度，並深入了解，切忌囫圇吞棗。要從自身出發，充分檢討比較優缺點之後，選擇最有利且適合自己的方法進行就好。

想要成功控制體重，自然要注意飲食中的總卡路里數。該如何在不影響肌肉量的前提下，飲食減量、**有效率地減少脂肪**非常關鍵。脂肪一公斤約七二〇〇kcal，如果一個月要減重一公斤，計算下來，每一天要減少攝取7200kcal÷30天＝240kcal。體重急遽減輕是相當危險的情況，雖然我在這裡用一個月來舉例，但如果是放寬至三個月減重一公斤，一天就只需要減少攝取7200kcal÷90天＝80kcal，對身體的負擔會比較小，心理壓力也不會那麼大。減重上盡可能慢慢來很重要，可以避免體力滑落、防止貧血，在平衡身體情況下同時減重。

具體來說，剛開始減重的人可以從以下三種食物（飲食上必要性較低）著手：①糖果、甜點等甜度較高的食物、②啤酒等含酒精飲料、③調理油等食用油品。

即使是同一種食材，透過改變調理方式及調味料，攝取的熱量也差異很大。天婦羅或油炸類食物在能量中的脂肪比例較高，如果改成汆燙或蒸煮，就能大幅減少脂肪攝取。調味料中的奶油和醬料、番茄醬等也含有較多脂肪，不妨改用低脂的無油沙拉醬、食鹽和醬油。運用調理上的變化，味道雖變得稍微清淡，卻能簡單降低脂肪攝取。

運動的主要能量來源是醣類和脂肪，但醣類和維持耐力有密切關係，**因此馬拉松跑者通常不會進行限醣飲食**。因為充分攝取醣類，可以回復肌肉肝醣含量，有效解除疲勞，提升持久力。

第 5 章

正式比賽前的自我管理

比賽前一天＆賽前準備

正式比賽前三週結果已底定

「正式比賽前三週結果已底定」，這麼說是基於兩個理由。

第一，在只剩下三個禮拜的情況下，不太可能再透過較困難的訓練，提升身體和心肺能力，並大幅提升實力。這麼做反而會囤積疲勞，在比賽前增加受傷的風險。如此一來，長時間的練習也就白費了。

第二是心理因素。長期訓練下來，必須不斷調適自己，即使感到痛苦，還是要保持專注，完成比賽，這就是馬拉松這種競技的特質。我在書中也一直強調心理狀態對比賽的重要性。在正式比賽前三週，整體而言已經做好了一定的準備，心情上也會變得較放鬆，接下來，專注在最後階段調整身體狀態就好，這也攸關著比賽的結果。這裡說的「一定的準備」，是指讓自己在比賽當天能以最佳狀態登場。

雜誌上常看到「賽前三週跑三十公里」「賽前兩週跑半馬」「賽前一週跑場十公里賽」這類文章，但我認為，比起竭盡全力在正式比賽前模擬試跑，不如確實調整好比賽時應有的身體狀態。換句話說就是，「你能在剩下多少力氣的狀態下跑完全程」。相較於全馬，在短距離賽事中，完賽距離愈短，就要比全馬目標時間的設定配速更快。從這一點來看，如果能在賽前讓心肺習慣較快的配速，到了正式比賽時，就能跑得更有餘裕。

我的賽前計畫

接下來和各位分享，我把目標設定在Sub 2.5之後，賽前四週的準備計畫。各位讀者可以依照自己的目標時間來參考。

首先，我在賽前四週會進行三十公里跑，但這是每十公里的漸進加速跑。起跑之後到十公里，是比起Sub 2.5的比賽配速（三分三十三秒）更慢的三分四十秒；十~二十公里為三分三十五秒；最後十公里則是以比正式比賽配速更快的速度三分三十秒來跑。我每次練習是在符合比賽時間的十二點開始，沿著沒有交通號誌燈的自行車道跑，由於是自己常跑的路線，即使不一直看手錶，也大致曉得已經跑了多少距離。加上是單獨跑，可以鍛鍊心理狀態，建立專注於個人配速上的跑感。這也是一種預做的努力，好讓自己能充分享受正式比賽時集團跑的好處。就我個人經驗觀察，跑完三十公里後的「餘裕程度」，大致可作為正式比賽時的指標，也和我這些年的比賽結果相當接近，實在很有意思。

接下來的兩個禮拜，盡可能讓自己恢復體力，重點練習也降低在原本的七～八成強度即可。

正式比賽前兩週，我會跑一場半馬，以要找回比賽的感覺，像是站在起跑線上的緊張感，原本的單獨跑切換成集團跑，以及過程中的水分補給，當然還有最後衝刺。此外，賽前的飲食、補水、會場中的移動路線、起跑線前的熱身、裝備挑選等等，所有在正式比賽前要注意的各種事項，都能在試跑中先確認過一遍。前十五公里的配速保持在平均三分二十五秒，之後加快到三分十五秒，然後持續到終點。賽後要迅速補給營養和水分，好好休養。

到了比賽前一週，我會進行八千公尺的越野跑，配速平均三分二十秒，稍微刺激心肺機能。比賽前三天，以三分十五秒跑三千公尺，賽前較緊繃的練習狀態到此為止。接下來到比賽當天幾乎不長跑（即使跑步也是著重在伸展、活動肢體，也可以間歇搭配十分鐘的慢跑轉換心情），總之就是澈底休息，將身體能量、水分還有心情好好地充飽電。

如何發揮實力

各位也許聽過這種說法：「站在起跑線的那一刻就決定了結果」。在我經歷這麼多賽事之後，也非常同意這個說法。儘管不一定能發揮比練習時更強的實力，但在充分且扎實的訓練下，自然能有所收穫，絕不會辜負至今以來辛苦的練習。

我認為，馬拉松這種耐力型競技並不存在僥倖的空間。正因為如此，更要提高朝目標賽事前進的動力，同時認真訓練。想要達到超出原本實力以上的成果，立足在一般選手的成績之上，有以下兩個方法：

第一是單純提升跑步實力。讓自己在練習中逐步提升速度和持久力就好。各位都在日常生活中，利用有限的時間盡自己最大的努力練習了，要在這樣的基礎上讓自己變得更強，實在非常不簡單。

第二是盡可能在比賽中將自己現有的實力發揮到接近百分之百的狀態。而要達到這一點，唯有用心、努力才做得到。

不少跑者在訓練時跑得很快，卻因為壓力，正式比賽時無法達到心目中的理想成績。我指導的跑者當中也有不少人如此，他們的共通點是，容易落入「半途效應」以及「找藉口」的窠臼中。進行嚴苛的訓練時，在較早的階段就放棄，無論是對大腦或身體來說，都會感到「輕鬆」許多。對於大多數跑者來說，相當致命的一點就是如何在艱辛的練習過程中，頑強地繼續跑下去。而且就算能察覺到這點，意志力還是無法堅持到底，所以是相當難解的問題。

此外，比賽成績不理想的跑者，也容易將正式比賽總是跑不好當作藉口。說起來，要如預期在比賽中發揮全部實力本就不容易，因此建議把重點放在失敗的賽事上，例如「那部分我跑不好，接下來就以那為主進行練習」，找出需要檢討反省的地方。即使依循自己的步調跑出了好成績，還是要抱著「我如果這裡再做好一點，成績會更好」的態度，一次次改善表現不足之處。在每一次的比賽或練習中，自己的弱點會慢慢凸顯出來，我們要把它視為重要的課題逐一克服。而「賽後回顧」正是跑馬拉松時不可忽視的一道環節。

有些表現欠佳的跑者，會避談自己實力不足，甚至用「今天狀況不好」「脫水的緣故」「鞋子不合腳」「腿抽筋了」「肚子突然痛起來」等說法搪塞，然而這些消極負面的藉口，只會讓自己的實力更加每況愈下（他們口中的突發狀況，其實都可以透過事前準備來避免）。

這麼說或許過於嚴厲了些，不過其實大多數跑者並沒有意識到自己陷入了這樣的窠臼之中。因而在此，希望各位體認到以上兩點之後，能夠一起以跑出好成績的優秀跑者為目標，朝刷新個人成績邁進。

在正式比賽中，能充分發揮實力的關鍵是什麼呢？我想每個人的答案都不一樣，事實上也沒有正確答案。

對此，我的腦中也浮現出各種答案，若勉強要說我覺得是「自信」。不管面對哪一場比賽，都會感到緊張不安，但如果能放大自己的正面因素，在起跑線冷靜等待鳴槍，就是獲得好成績的關鍵。

我認為，可以放大正面因素的方法很多。

「之前在大集團中跑在最前頭」「不管颳風下雪都沒中斷練習」「已經達到個人最佳成績，現在狀況超好」「每天都睡好覺，疲勞一掃而空」。

所謂正向思考，就是思考得愈具體，效果愈好。我都是在一早進行主要的訓練，因此我想的是，「大家都還在睡覺的時間，我已經開始練跑了」。

做好因應突發狀況的準備

我們在考慮能發揮實力的正面因素同時，也必須留意影響自身表現的負面因素。也就是說，「預測比賽時可能發生的狀況，事前做好因應對策」。要說這樣的「適應力」和「順應環境性」能讓我們達到真正的實力，一點也不誇張。方法很簡單，事前將比賽中可能發生的狀況一一寫下，並先想好因應對策。對於比賽中可能發生的棘手狀況，也要具體思考當下該怎麼做。

我把這些筆記叫做【我的馬拉松辭典】，上頭列出了各種項目，以及各自追加的練習與賽事。已經設定的項目也隨時可以追加修改。各位不妨試著提筆寫下自己的馬拉松辭典，這也將成為一只裝滿了自己練跑心路歷程的珍貴心靈寶盒。每當比賽中發生難題，就想起辭典中對應的解答頁，並帶著自信迎接挑戰。盡力將超出預期的狀況轉變為意料中事，也能讓自己和其他跑者拉開差距，是一項不可或缺的利器。

這部辭典愈厚，表示你順應環境的能力愈強，可以避免腦袋在賽中想一堆事，無端消耗能量，也能大幅減輕壓力，不攪亂比賽節奏地冷靜完賽。為了讓各位知道辭典要怎麼開頭，在此，我和各位分享我的馬拉松辭典中的一個項目。

跑鞋的對策（防止肉刺、摩擦與腳痛）

◎挑選跑鞋（一天下來足型會變化，不妨早上和傍晚都試穿看看。除了腳長，腳寬和腳背高也要確認是否合腳。）

◎穿著跑鞋（由於鞋底有突起顆粒，為了減低磨損，可以先試跑一半路程，在習慣之前盡量利用田徑場的跑道，並視情況使用鞋帶或加鞋墊微調。）

◎穿著習慣的路跑襪（新買的慢跑襪比較緊也比較硬，放入洗衣機洗濯幾次後會變得較柔軟，建議多穿幾次慢慢習慣。有些機能襪為防止腳踵摩擦，會墊高後足部；有些則是以腳弓墊的功能來補足比賽鞋的彈性。）

◎在腳上，特別是腳趾間塗上一層凡士林。

◎穿鞋的時候要坐在椅子上，把腳跟踏向地面數次，確認鞋子已貼合腳跟處。

◎鞋帶不要繫太緊（進入熱身狀態時，為了讓身體放鬆，建議慢慢穿上練習用鞋，開跑前再換上比賽鞋。綁鞋帶時，鞋帶前端的三個孔洞不需綁太緊。穿完鞋帶的第一個結絕對不要綁太緊，打結的方式為「打完蝴蝶結後再打上一個安全結」，不容易解開及鬆脫即可。在馬拉松比賽中，到了後半場，血液會滯留在下肢與足部，雙腳會變得腫脹且容易疲勞，這樣做可以避免在比賽中因腳部不適重新調整鞋帶，浪費無謂的時間。）

賽前一天的訓練與飲食

前一天的練習以動態伸展、中高強度動作和熱身為主就夠了。參加大型賽事時，光要前往報到區就可能會走很久，為了不造成肌肉過多負擔，請盡可能避免爬樓梯。如果是前一天搭飛機來到會場，由於在飛機上一直保持坐姿會導致血液滯留下肢，可以追加輕鬆的慢跑緩解疲勞。

常用的方法是泡澡，但如果長時間待在溫度較高的水中，反而會增加疲勞感，請各位盡量避免。順帶一提，我會在前一天把下肢浸泡在裝滿溫水的浴缸裡大約十分鐘，然後再起身用冷水沖澡。比賽當天早上則可以稍微用溫水淋浴。

賽前的飲食、避免吃這些食物

對飲食太神經質，容易累積過多的壓力，也會影響賽前的情緒。不過，最好還是要避免容易造成腸胃負擔的油炸食物、導致脫水的含酒精飲料、可能吃壞肚子的生魚片等生冷食物，以及食物纖維過多的食材。沙拉等可生吃的蔬菜需要消化較久，建議少量即可。同時建議攝取前述肝醣超補法中介紹的含糖量較高的食物。我從家裡出發到賽事地點之後，賽前一天的午餐是大分的義大利麵或烏龍麵，晚餐是薑汁燒豬肉丼飯（約兩小碗飯量）；比賽當天的早餐是煎雞蛋、納豆、梅干、具澤山味噌湯配上一小碗飯，還會固定喝一杯一〇〇%柳橙原汁。整體來說，賽前飲食的通關密語就是「少甜點，多米飯」。

賽前、賽中的水分與能量補給

比賽當天，吃完早餐到賽前一小時這段期間，可以吃一根香蕉或一個能量果凍，其他像是大福、糰子、一小塊蜂蜜蛋糕都不錯。此外，可以隨身攜帶五百毫升的運動飲料或礦泉水，一口約一百毫升地少量飲用，約三十分鐘攝取七百毫升完畢。最後，賽前十五分鐘吃一個能量果凍包。

比賽過程中，不管是否感到口渴，每五公里就補給水分一次，或是根據當天氣溫及出汗量調整。一般來說，補給桌上會依序陳列運動飲料和水，可以兩者都取一分，各喝一半，分量約一百毫升就好。喝剩的水通常會灑在雙臂和大腿上，但注意不要灑到身上的裝備和鞋子。攜帶的補給食品中，Energy系能量凍兩個（一個預備用）、Charge系能量凍一個，跑一半之後到二十五公里之間吃一個Energy系能量凍，過了三十五公里準備進入最後衝刺時再吃一個Charge系能量凍。

較好的補給時機，可以考慮抵達水站或其他注意力分散的時間。我為了獲得琵琶湖每日馬拉松的出賽資格，目標兩小時半完賽福岡國際馬拉松，由於太過專注，沒有補給就跑到終點。雖然最後順利取得兩小時二十九分四十四秒的成績，但由於跑得太拚命，連跑的路線都幾乎不記得了，也可說是一種毫無餘裕的狀態。因此在那場比賽之後，我開始認真看待補給的必要性與重要性。

在夏季等較炎熱的天氣中，非常建議攜帶電解質補充錠，不僅小而輕便，還可以用附旋蓋的能量飲隨時補給，也不會造成腸胃負擔。不要取用補給站的食物，要以自己習慣的味道和口感的補給品為佳。在補給站取水有很多方式，我如果戴著手套，會先取下手套，然後用拇指、食指、中指像鳥喙一樣，夾起水杯以杯緣靠口。喝的時候，用拇指和食指稍微壓迫杯口成一條細縫飲用，可以避免因跑步過程中的晃動灑太多出來，也不會灑滿全臉或嗆到，充分享受補水的舒暢感。補給桌很長，一開始沒拿到水杯也不要慌張，速度稍微放慢一點，順利取到水就好。如果在預定取水處沒拿到水杯，內心會一直掛念著補水而焦躁起來，也會忍不住加速，打亂原本的節奏。

當天的時程安排參考（起床時間和早餐時間）

全國性賽事大多在九點起跑，因此要根據起跑時間，事先設想開跑前具體的時間表。首先在起跑前四小時起床，也就是清晨五點。早餐於三小時前的六點進食，在那之前，可以淋浴或做其他賽前準備（把號碼布固定在衣服上、準備補給食品或自製飲品）。一小時半前抵達比賽會場，大約花三十分鐘大致掌握賽道路線和高度圖。

起跑前一小時開始熱身，十五分鐘暖身後，進行動態伸展和中高強度動作約三十分鐘。然後穿著比賽裝備，換穿比賽鞋，戴上太陽眼鏡和磁石項鍊、磁氣貼，切換成戰鬥模式。

最後在五分鐘輕鬆慢跑中，往起跑線移動。路程約五十公尺，可以進行三次短距離全速衝刺（Wind Sprint），起跑前最後刺激一下心肺。站上起跑位置後，稍微拍打雙腿和手腕，並輕輕跳躍抬腿。起跑倒數時，可以來一次大口深呼吸，讓肺膨脹起來。人緊張時呼吸會變淺，加上起跑後加速，如果能先讓橫膈膜下移、肋間擴張，精神會比較放鬆，呼吸也更有效率。

待機時間這樣過

暖身、中高強度動作、伸展、不固定場所

熱身在生理上能促進肌肉和神經組織的循環暢通，**心理上則有維持比賽期間精神振奮的效果**。過去還有「慎重預防受傷的時間」的說法。但要注意避免消耗太多能量。最新研究指出，大約十五分鐘肌肉溫度就能充分上升。

以下是我的熱身菜單：

活動身體的暖身動作和快走／墊步和快速墊步／側併步和側交叉步／前後弓箭步／踮腳尖走和踮腳跟走／利用輕微的反彈動作，增加關節可動範圍的動態伸展／原地十秒抬腿後，以八十％力量做短距離衝刺三回（此時也要確實感覺與自己的跑姿結合）。

選手待機時都在做什麼

琵琶湖每日馬拉松、福岡國際馬拉松和別府大分每日馬拉松都有設置選手用休息室，每個參賽選手都會各自做著自己的事。有的聽音樂、看影片、讀書、閉目養神（也許有些是在睡覺）、靜態伸展，也有不少跑者會彼此聊天。我則會聽著令人心情愉悅的音樂，一邊看家人的照片，嗅聞喜歡的精油味道。為了能專注在比賽中，保持沉穩的情緒相當重要。這段時間也可以進行幾次補水和補食。

由於比賽前會很擁擠，如果想上廁所，最好在稍早一點有空檔時，前往距離起跑位置稍遠處比較沒人的廁所使用。夏季炎熱時，開跑前盡量待在蔭涼的地點，避免消耗體力；冬季天氣寒冷，可以用攜帶式暖暖包溫暖手腳，再塗上厚厚一層凡士林進行按摩，並穿上羽絨外套保暖。或是利用大型垃圾袋，在頭和雙手處開洞套在身上也有保暖效果，之後再帶到水站等地丟棄在垃圾桶。如果在比賽過程中任意丟棄，會造成其他跑者的危險，這是絕對禁止的行為。選手的心態和禮節，馬拉松之神都在看著。

天氣變化的對策與穿搭

起跑時沒有隨身攜帶的物品，不要跑到一半時才想放在身上。如果是有必要且很可能在比賽中用到的物品，起跑前就要攜帶。但是要避免太重或體積過大影響跑步，這一點請務必留意。

平常就習慣使用各種裝備的人，正式比賽時自然早已準備妥當。如果前往遠地比賽，則必須事先參考天氣預報，就算得稍微增加行李也要帶上需要的裝備。考量到天氣突然變化需要添購用品，最好先了解會場附近有哪些運動用品店或百元商店。我在一年四季的賽事中，都習慣穿無袖背心和短褲，不穿短袖或壓力衣褲。我因應氣候急速變化的基本原則，就是穿著方便穿脫的衣物。

在跑帽的選擇上，夏天可以戴輕量跑帽，在不弄溼鞋子的前提下稍微在帽子上淋一點水。帽簷要短，戴太陽眼鏡時才不會卡住，也要注意不能擋到視線。建議選擇柔軟的材質，可以輕鬆摺疊起來夾在腰上。如果日照比較強烈，可以戴有防曬功能的跑帽，搭配頸掛式風扇。

在手臂的保護上，冬天可保溫、夏天能減緩日曬，灑上水又有持續降溫效果的萬能裝備，非袖套莫屬。起跑時氣溫如果下探十度，再戴手套就好。這是因為，手套中雖然少數有雨天防水的款式，但是通常較厚，手指也會變得不靈活，盡量不要在重要比賽中使用。袖套或手套通常能收納能量果凍或電解質錠，相當方便。比較少在頂尖選手中看到的透明輕量的號碼布收納袋，也相當實用。另外也推薦具排汗、速乾功能的保暖上衣。

至於下半身的裝扮，雖然我不會穿壓力褲，但幾乎都會穿腿套，建議挑選透氣性佳、夏季也能使用的款式。

挑選裝備的重點，我會視跑到終點前，裝備是否會因淋雨或排汗後變重產生壓力感來判斷，還有不需要穿著的時候，是否具有容易收納的特性。

保護眼睛、肩頸的防曬對策

這部分看起來似乎和前面稍微重複到，但這裡要談的是太陽眼鏡和帽子。各位可能會感到意外，我們眼睛所吸收的紫外線其實也是導致疲勞的元凶。跑步時戴太陽眼鏡，不僅可以減少目眩感和壓力，待在稍微灰階的世界也能提升專注力，可說一舉兩得。用不到時，掛在額頭或是往後掛在雙耳上就好。

我曾經看過跑者戴空頂的遮陽帽，不過，防曬跑帽的重點是避免頭頂日曬，同時防止雨水沿著頭髮流下來。

我的路跑穿著是背心風格，一般會露出肩膀。如果是在夏季要跑上三小時以上，我會建議選擇遮住肩膀的款式，因為肩膀的防曬和減輕疲勞與壓力也有相當密切的關係。

勻速分段跑？還是後段加速？

對於確實有完賽實力的跑者來說，自然可以採取搶在前頭、甩開對手的模式，不過包括我在內，大多數跑者並不會這麼做。這是因為準備降速時，配速會明顯下滑。建議先以一定的速度進行勻速分段跑（even pace），或是跑完半場之後採取後段加速。因為勻速跑對心肺系統和雙腿的負擔最小，可以有效率地跑完全程。

要注意的一點是，到了後半段，心肺會開始感到難受，雙腿也已經累積一定的疲勞，容易發生降速的狀況，因此無論如何，前半段一定要先保留多一點力氣。節奏過快也通常是後半段失速的一大原因。我在前面一直強調，跑馬拉松的過程非常容易受到心理狀態影響，因此「如何克制情緒起伏」很重要。而這自然包括狀況很好、跑出超過預期配速的時候，以及跑過半程後開始感到難受的時候。

以我來說，不管當時狀況多好，我在跑過三十二公里之前，會盡可能保持在固定的配速。到了三十五公里，若還有餘裕會進行第一階段加速，沒有就保持原本的配速，四十公里開始再加速。

我在別府大分每日馬拉松跑出自己的最佳時間二小時二十八分五十七秒，當時，我是每十公里以三十五分二十一秒、三十五分二十三秒、三十五分二十五秒、三十五分三十一秒進行勻速跑，平均每一公里的誤差都在一秒以內。總排名為第六十二名，但最後二・一九五公里以七分十七秒，成為包含實業團選手在內的第十五名（前十選手中也只有五名選手比我快）。如同這場比賽的結果，我認為**以勻速跑為目標，等到最後衝刺階段時再進行後段加速**，會有最好的效果。如果照這樣的模式進行訓練，逐漸增強實力之後，也可以試著在三十二公里就開始後段加速，很有機會縮短完賽時間。

我除了一開始以隨隊醫師的身分參加大會（四小時及每公里六分鐘是預先設定好的配速），初馬之後的成績都維持在Sub 3，並達成三次Sub 2.5的個人成績。我跑馬拉松以來沒有遇過重大的失敗，或許可說是穩定的身心所帶來的好成果。

賽前充分掌握路線與心像練習（image training）

如果每年都參加同一場賽事，大致可以記住地形、須注意的重點和決勝關鍵。實業團的頂尖選手會提前進行試跑來掌握賽道狀況。不過我們在這裡要談的是首次參加賽事的做法（以不試跑為前提）。

首先要確認大會公布的重要資訊。主要是賽道路線圖和高度圖，此時我會把平面想像成立體，在路線圖上升的坡段標註紅色箭頭↑，下降坡段標註藍色箭頭↓（坡度較陡就標註↓↓或↑↑）；每五公里就標註○，半程處標註●，掌握彎道和坡道變化，同時確認水站的位置。我會把預定的補給站標上◎，盡可能在平地進行補給，避開前後有坡段的路面。也可以設定明顯的路標，例如過了天橋後在轉彎處折返等，即使到時專注在比賽上也不容易忘記。

最後要確認地圖的方位，並參考過去同期的天氣預報了解風向。「最後會出現逆風嗎？」如果預先了解風向，就能做好心理準備，不致到最後階段出差錯。具體來說，將比賽過程想像得愈鮮明，就愈能減低比賽壓力。比起單獨跑，也更有效果。

起跑後（～十公里）

起跑之後的高配速策略

在大型賽事中，儘管是依報名時間和登錄的賽事成績來決定起跑位置，鳴槍起跑後還是會發生許多狀況。或是從後方推擠、側邊鑽縫隙，還可能遇到前方的選手跌倒。為了避免無端捲入這些狀況，要盡可能在自己的前後左右保留一定的空間。如果是自己起跑後不慎跌倒，身體和心理上難免會感到慌張，此時要壓抑內心只想趕快起身繼續跑的念頭，先確保身體無恙，安全第一最重要。

我經常看到一些短距離衝刺、鑽選手間縫隙的跑者，卻在起跑之後沒多久就跌倒了。在這種情況下，短間歇跑反而有導致跌倒的風險，即便姑且拚到了幾秒鐘，但只要一跌倒，就肯定會損失數分鐘。雖說要跟著比賽節奏冷靜地跑，但無論如何，起跑後需要先以比預定配速每一公里快上約五至十秒的速度跑，隨後在不突然降速的情況下，通過五公里時再開始進行勻速分段跑。

利用領先集團

對於平常大多單獨練習的跑者來說，集團跑應該可以跑得相對輕鬆。我在這本書中提過好幾次集團跑的優點，不過要注意的是，一旦誤入速度太快的集團，就容易導致超速。如果發現和自己配速接近的集團，加入時的位置盡量不要在集團中心點偏後方或中央處，而是待在集團的右或左側。這是因為，和選手距離太近時能快速避開，準備加速時也可以確實觀察到前方選手的狀況。

較理想的狀況是，跟在和自己步幅、速度相近的選手後方約一公尺，並以「自然的狀態」跟著跑。配速超越原先設定時，就要視現場狀況，設法緊貼前方的跑者。

相反的，如果一開始想要以比較輕鬆的速度慢慢跑，就有必要更換集團。如果前方約一公里處就有一個集團，可以慢慢加入該集團。建議加入集團的位置是自己還算有餘裕加入的距離，也建議依風向和地形等因素彈性判斷。

對於不想加入集團的選手來說，單獨跑會比自己所想像的更消耗體力，心理壓力也比較大，需要更沉穩判斷比賽時的各種狀況。

三十公里之後，集團會慢慢散開，我認為這也是個好時機。我個人的經驗是，就算加入比自己預定配速每公里快五秒的領先集團，在「集團的利多」下，不會感覺太快，只要盡可能在集團中保持一定的配速，再尋找突破的時機點。這時就要靠事前對賽道是否有一定程度的正確理解，以及客觀判斷自己實際身體狀況的本事。

比賽前半段（～二十公里）

馬拉松比賽中常見的腹痛

馬拉松比賽中腹痛的原因很多，雖然大部分是腸胃不適引起的症狀，但要特別留意橫膈膜引發的疼痛。這指的是側腹出現絞痛的情形。醫學上的成因，是內臟器官受到橫膈膜的牽引，導致臟器血流不足所致。特別常見於臟器中較重的肝臟右側，不過負起輸送血液功能的脾臟一旦負荷過大，左側也可能出現疼痛現象。如果疼痛原因來自腎臟或腸，則是兩側都會痛。

處理的方式是，平常練習時，盡量避免著地衝擊太大或上下跳動的姿勢；比賽時，為了限制橫膈膜上下移動，可以把拇指往後、其他手指往前，擺在側腹疼痛處稍微前後壓迫，再將疼痛一側的手舉起來朝另一側、以及稍往後伸展約十秒，來稍微緩解疼痛感。

感到疼痛時呼吸會變淺，身體也會很不舒服，此時可以透過深呼吸讓肺部變大，讓橫膈膜緩緩下移。此外，當我們快速行進，血流不順也可能導致橫膈膜痙攣，引發疼痛。因此要避免過快的配速。在疼痛解除前，稍微降低配速也是有效的方法。確實了解這類情況發生的可能性，事前準備好處理對策，一旦發生就不會慌張，而能冷靜因應，繼續比賽。賽前不要攝取太多固體食物也有一定的效果。

不要一直看手錶

成年人的腦重量據說不足一千五百公克，如果體重是六十公斤的人，大腦僅占體重的四十分之一。但另一方面，大腦又需要維持高度且多機能性運作，會消耗身體能量多達五分之一（二十%），而葡萄糖是大腦唯一的能量來源。由此可見，大腦在馬拉松比賽中會消耗非常多葡萄糖。例如行進時如果同時承受比賽壓力，會消耗比一般跑步更多的葡萄糖。體內葡萄糖濃度一下降，大腦機能會變得低下，無法集中精神並做出冷靜的判斷。而且，一旦位於下肢末梢雙腿的肌肉未能獲得足夠的能量，則會引發痙攣現象，最壞的狀況可能因為血糖過低而暈倒。比賽時，判斷能力一旦不穩或容易動搖，不僅配速容易出現過大的變動，也會無端浪費體力和精神。因此，跑馬拉松必須多為大腦節能，不須要傷腦筋的事就別去傷腦筋，這一點很重要。

各位在比賽時會看幾次手錶呢？大多數跑者大概每一公里就會看一下時間。不過，勤快地確認每一段時間、隨時調整步伐，反而會造成雙腿的負擔。而且配速一稍有變動，心理上也會感到緊迫。此外，隧道或高樓間有時收不到GPS訊號，數據上容易出現誤差，也會打亂自己原本的節奏。

我的狀況是，起跑之後很容易跑得比原先設定的配速快，因此會在一公里和兩公里處分別確認一次，一方面防止速度過快，同時透過實測和體感的差異，掌握當下身體的實際狀況，之後就每五公里看一次會場設置的大型時鐘。如果設定三十五公里預備後段加速，就在三十六公里和三十七公里分別再確認一次，並判斷剩下的距離還有多少餘裕。四十公里之後就自動進入全力衝刺的狀態，要盡快判斷是維持既有的速度還是再加速。全程下來，總共確認四～五次時間就好。

我在平常練習時習慣「不看手錶」，因此平均一公里會出現二～三秒的誤差。但這對身體來說很重要，也是節省能量又有效率的跑法。實業團選手或優秀的市民跑者當中，也有不戴手錶比賽的人。換句話說，他們已經擁有相當精確的體內時鐘了。「無須在意真正的時間，身體已經記下了需要的配速」，這對我們跑者來說是一大難題，卻也是最強的終極目標。

比賽中段（～三十公里）

感到痛苦就改變擺臂節奏

馬拉松的經驗值不斷累積之後，大致上，在前半段都能保持專注，並且按設定的配速進行。不過也有所謂「三十公里障礙」的說法，一般來說，在二十五～三十五公里這段十公里路程會比較辛苦，多數選手都需要再加把勁的跑。如果此時能讓低潮維持在最小限度，接著順利克服，直到最後都流暢進行，就有機會趁勢加速，和對手拉開差距。這是和自己戰鬥的一段時間，也是能否刷新個人最佳成績的關鍵時刻。

和田徑場地賽的共通點是，一旦感到疲憊，就會開始意識到「步幅變小了」「沒辦法加速」「雙腿擺動變快了」。這個時候該怎麼做好呢？這時，應該有很多跑者會疲憊到無法維持配速，但正因為疲憊，反而可以允許自己稍微降速，切換成「**不消耗能量來跑**」的狀態。

勉強維持相同的跑姿繼續跑，只會增加停下腳步的風險。我曾經親眼看過，連已經累積了龐大練習量的頂尖選手，來到賽事的後半段，也會採取緩慢的配速或步行。而一味勉強自己繼續快跑，也大多會在數分~數十分鐘筋疲力竭之後，無奈面臨關門，或是抱著距離終點還很遠的心情而屈服，自己選擇棄權的結果。必須時刻保持「腳不要停下來」「愈來愈靠近終點了」的心情很重要。

那麼，怎麼做才能不停下來繼續跑呢？重點就在於和腳的行進保持連動的動作：「**加快擺臂頻率**」「**手肘彎曲角度變大**」「**手臂自然貼在胸口前擺動**」。自己實際做一次會更有感覺。而科學也證實了，當手臂愈彎曲，擺臂速度就愈快。這是因為空氣阻力減少之後，即使以肩關節為軸心的物體（前臂）迴轉力量（動量）變小，也能達到相同的效果。

在二〇一二年倫敦奧運、二〇一六年里約熱內盧奧運的五千・一萬公尺項目上，以壓倒性實力連續奪下雙金牌的選手莫・法拉（Mohammed Farah），最為人所知的就是那非常緊湊又不浪費體力的擺臂頻率，很適合作為參考。各位可能也都曉得，二〇一七年首度參加馬拉松的日本中長跑選手大迫傑，在波士頓馬拉松以二小時十分二十八秒奪下第三名，這也是日本人在波士頓馬拉松歷史上跑得第三快的成績。

電視上看到競逐奧運選拔賽代表國家出賽的選手中，幾乎都是在中段之後的給水站和最後的坡道（橋）開始追擊。前者是趁對手疏忽時一口氣拉開距離；後者則是在選手雙腿都很疲憊的情況下從坡道加速超越，不僅能打擊對手士氣，同時減少追趕的動力。站在相反的立場來看，也就是「覺得嚴苛的時刻更要加速」這樣的感覺。

我在這裡想表達的是，所謂的轉折點或開始追擊，就是在跑得順暢的同時，製造出與對手較大的差距。具體來說，上坡時加速，如同敏捷的小動物（老鼠或松鼠、倉鼠的迅捷感，我則像是貓）一樣奔跑。由於上坡的姿勢容易前傾，可以將視線設定得稍微遠一點，預防脊椎因過度前屈降低肺活量。如果前面不遠處有選手，視線落在該選手的後腦剛剛好。此外如果坡道偏陡，大部分跑者容易在到達頂點時鬆了口氣，結果導致速度變慢。因此我會先設想，「頂點不是終點，終點還在那之後的十～二十公尺」「在坡度明顯向下前都要集中注意力加速」，實際上，這麼做也能縮短數秒的時間。

下坡也很重要。過大的步幅雖然短暫提升速度，卻會讓腳跟承受較大的衝擊，也會加速疲勞累積。相較於上坡時如小動物的敏捷，下坡時可以變身為快速轉動的物體，往下坡跑去，如輪胎或球等順帶一提，為了避免跳躍，我會刻意放低重心，像顆保齡球一樣。下坡時，步幅只要自然增加，速度就能出來；但如果步幅過大導致腳在更遠處著地，反而會出現煞車效果，影響速度。此時可以收起上半身往前傾，將身體的重量轉為推進力。

比賽後段（～最後）與賽後

從三十五公里開始的疲憊

這一段是任何跑者都會覺得雙腳沉重、心肺負擔加劇的區間。然而真正的實力，也是從這裡到終點前開始發揮。至今為止所累積的訓練，在這最嚴苛的時刻將成為自己的助力。

這裡也很容易發生跑姿的變化，因此要最少一次「強烈地注意」並矯正自己的跑姿。道路兩側如果有玻璃或鏡面，可以在賽前養成透過倒映影像從側面確認跑姿的習慣。人在疲憊時，會不自覺弓起身體，直不起腰來，此時骨盆會後傾。若不使用肩胛骨擺臂，頭也會開始上下晃動。每個人的狀況都不同，所以事前要掌握自己疲累時的身體習慣，比賽時簡單確認跑姿重點，並迅速修正。

至於最後的配速，儘管理想上最好能由自己調配，但在這一段要加速其實相當困難。在這種情況下，建議不要太貪心，把前方一個個跑者視為目標繼續前進。此時，每位選手內心所想的可能都差不多，發現和自己速度接近的選手，然後一起追趕前面的選手，如此反覆幾次下來，比原本所想的還要快就抵達了四十公里處。在那裡，通常會有來為自己加油打氣的家人或同事，邊跑邊想著一起訓練的夥伴，愈想腳就愈停不下來，心中將帶著這股感謝之情，全力朝終點衝刺。

最後的最後要補充一項細節，前方有多張計時地毯時，直到抵達最遠處的地毯之前絕對不要慢下來。身體容易在計時的瞬間，速度慢下來，因此要在那之後再開始減速停下腳步。例如我自己曾經測到Sub 3或Sub 2.5，大會計時結果卻是三小時零分一秒或二小時三十分一秒，讓人懊悔不已。

自我檢討的重點

雖然每個人都想百分之百達成比賽目標，真正能做到的人卻很少。就算是表現令人滿意的賽事，也會有一、兩個需要檢討反省的地方（那樣做不行、如果能更加強這部分就好）。針對一個個檢討事項，確實回顧比賽時的每個場景，透過將這些問題逐一細分化，思考出具體的因應對策與訓練方法。這當中也包含檢討過程中衍生的想法，連同前面提到記錄下來的心路歷程，都有助於下一場賽事。

例如針對「三十五公里之後大幅掉速」這個問題的檢討，各位不妨也一起思考看看。

不好的範例

・因為練習不足，速度還跟不上。對策是進行充分的跑步訓練。

這樣無法確知之後要做什麼樣的檢討，相當模稜兩可，也會減少訓練的動力。

好的範例

・起跑後的狀況不錯，超過了設定的配速，導致前半段比預期消耗較多的能量，後半段雙腿的負荷變大，速度也大幅降低。

〈問題的細分化〉

是否確實進行了補給？不只補水，有積極攝取電解質嗎？肌肉疲勞嗎？小腿有痙攣嗎？還是有能量不足、心肺的不適感？身體狀況真的可以嗎？是否太緊張或失去冷靜了呢？比賽前三週是否有充分練習、充分休息呢？對於比賽的距離是否缺乏耐性呢？感到挫折嗎？有稍微降速，並花時間嘗試修正步頻、擺臂等跑姿嗎？

如果能夠明確提出問題，自然可以更具體發現自己不足的地方，以及彌補不足所需的訓練及身體調整。一位即將在東京奧運出賽的選手曾經這麼說：「不斷累積自己討厭的練習之後，就是屬於你的結果。」透過反覆不斷練習，從不擅長的訓練項目中發掘出更多潛力，並在克服難關之後，獲得更多自信、提升心理素質，即使面臨嚴苛的情況也能頑強不懈，最終擊敗對手奪下勝利。

「自己開始滿足的時候，也就不再成長了。」因此，讓我們抱著「自己的實力絕對不只如此，還可以成長更多」的心情，堅持跑下去。這樣的心態不僅深刻影響更新個人的最佳時間，還能促進成長荷爾蒙呢。

比賽結束之後

每個人的身體狀況各異，要消除身體疲勞、回復心理狀態，一般來說需要兩～三個月的時間。大部分實業團選手一年當中會參加兩至三場比賽，因此是可以理解的，而市民跑者則最少也要一個月來進行充分的休養。但這並不是說一個月都不練跑。比賽隔週，以積極健行作為最優先的休息法，為了回復被破壞的肌肉，也要充分攝取足夠的營養。比賽後兩週，因應雙腳的狀態和身體的疲勞感，開始緩和的慢跑。距離不要超過十公里，悠閒地跑就好。比賽後三週，慢慢提升速度、拉長距離。第四週之後基本上就可以進行重點練習了。

假如比賽結果不理想，賽後會感到焦慮，並不自覺提高訓練強度，但要注意，此時很容易讓身體受傷、疲勞加劇。在練習過程中，結合比賽所浮現的問題對策，設定下一場比賽的訓練模式或目標，等到比賽前三週，就能決定最終目標。讀了本書的各位應該都很清楚，這是因為「賽前三週結束長跑訓練」「賽前三週消除疲勞，調整身體狀態」「賽前三週結果已底定」。

書末特別對談

川內優輝選手曾經是公務員，並以「最強市民跑者」之姿廣為人知，現為活躍於國內外賽事的職業跑者。

關於他在市民跑者時期「短時間內確保高品質練習的祕訣」，以及身為日本職業跑者的「身體管理法」，來聽聽專家怎麼做。

醫師
諏訪通久
Michihisa Suwa

職業跑者
川內優輝
Yuki Kawauchi

川內優輝／ 1987年3月5日生，東京都出身
學習院大學時期，兩度以箱根驛傳關東學生聯盟選拔隊伍出賽。大學畢業後，以琦玉縣廳公務員身分的市民跑者自主訓練。陸續勇奪二〇一四年仁川亞洲運動會銅牌、二〇一七年世界田徑錦標賽第九名、二〇一八年波士頓馬拉松冠軍等多項榮譽；二〇一九年起與愛和誼日生同和損害保險簽約，也是亞瑟士(ASICS)運動品牌產品大使、Jaybird(運動耳機品牌)贊助選手之一。身為無可救藥的中長跑運動漫畫收藏者，擁有超過兩百本漫畫，特別推薦井上正治的《馬拉松硬漢》(東立出版社)、坂田信弘、中原裕的《奈緒子》(台灣東販)、秋田佐知子、藤田和子的《彩風的跑者》(彩風のランナー，小学館)《群青》(小学館)、堺內夏子的《ROAD》(講談社)等作品。

推薦跑坡訓練

——編輯部　擔任公務員的忙碌時期，是如何兼顧訓練的「量和質」呢？

川內　基本上，我每天會進行一次訓練，較嚴苛的訓練則是每週兩次，週間一次，另一次是週末比賽。重點練習之外的練習日都是慢跑。在工作忙碌的二～三個月，則會透過通勤跑或週末的比賽確保練習量。

當感到重點練習負荷過大，我會改進行跑坡訓練，像是上坡跑、下坡輕鬆跑……以此來調節呼吸、鍛鍊肌群。只要跑坡差不多十五～三十分鐘，呼吸就會變得相當用力，可以有效提升心肺耐力。如果忙到沒時間做間歇跑，跑坡是個不錯的選擇。我在平日忙碌時更重視的是，

「哪一種練習會讓我更有衝勁」。

諏訪　利用坡道練習真的很不錯。上坡時，如果是效率差的跑步姿勢就會跑不好，反倒能自然形成有效率的跑步姿勢；而下坡時對腳的負擔變大，太拚命跑會受傷，因此我也贊成輕鬆

跑、慢慢跑就好。重點練習中最重要的是「心跳數急遽增加時，繼續加緊練習」，從這點來看，坡道確實是非常適合的練習場域。至於「讓人更有衝勁的練習」很重要，因為我們即使只休息幾天，和跑步之間也會產生距離感。如同川內選手所說，在附近的坡道或山徑進行「時間不夠也OK的訓練」，也是讓人持之以恆的關鍵。

慢跑和重點練習

編輯部　「慢跑」作為練習中的主角，是否有需要特別注意的地方呢？

川內　我在慢跑時會注意不要拚過頭了。我會邊聽音樂邊跑，如果有人一起跑，聊聊天也不錯。跑步時聊天會有意外的樂趣，但也要隨時留意調節呼吸。無論如何，慢跑日的首要考量就是放鬆。

說到底，慢跑就是重點練習和正式比賽之間的橋梁，以我來說，我會在重點練習和重點練習之間慢跑，比賽和比賽之間進行重點練習，以慢跑來銜接重點練習，以重點練習來銜接比賽。畢竟人不是機器，如果連慢跑都要竭盡全力，就算還有體力練習，也容易提不起勁，所以讓自己喘口氣是很必要的。

諏訪　剛才說到不要拚過頭了，也就是要注意配速對吧。一般來說，練習比例上八~九成都是慢跑，一旦跑過頭了，就很難消除疲勞，也不利於重點練習，甚至容易受傷，這樣一來，練習就失去意義了。因此，和跑友聊天、聽音樂等可以讓人放鬆心情的活動，正是持續跑下去的一大關鍵。

編輯部　重點練習大致上會有哪些項目呢？

川內　我常做的是一千公尺的間歇跑十組。我習慣在賽前一週半進行一千公尺跑三分鐘，穿插四十八～五十秒的慢跑，接著再跑一千公尺三分鐘的練習。也許和國際間的主流方式不同，但我在大學時期教練的指導下，比起快跑這段區間，會稍微縮短作為銜接的恢復時間。如此嚴格遵守時間地練習，就能有效提升個人紀錄。

諏訪　間歇跑時快跑要全力以赴，不過一旦恢復時間過久，就算心跳數增加，也只是不夠徹底的反覆循環。相反的，恢復時間愈短，間歇跑的效果反而愈大。聽了川內選手的說法，感覺川內選手的厲害之處在於「想法的轉換」。例如將賽前練習的間歇跑「全力快跑後就休息」的制式做法，稍微變化之後，就是不局限於框架、屬於自己的訓練法，這在自我挑戰上也相當重要。

心理狀態的重要性

編輯部　設定配速的方法很多，像是「超過自己實力的目標」「不容易卻大致做得到的目標」等等，我們該怎麼設定練習時的配速呢？

川內　我基本上會以「再拚一點就做得到，但不拚就做不到」的訓練為主。但是，我們在進行訓練時，會遇到身體狀況不好或比較低潮的時候，這時可以稍微調低目標，讓自己從能達到目標的練習中找回自信。

諏訪　就運動員的心理狀態來說，「一半一半的練習」可以達到最好的效果。太難或太簡單都不行。對多數人來說，腦海中的成功形象愈鮮明，和自己做得到的事及自信程度有愈直接的關係。因此，在「調低目標的設定」上，我也相當有共鳴。

在田徑運動員專科門診中，當患者有著「平常應該都做得到，現在卻做不到」的苦惱，原因大多來自身心的疲勞和貧血，而這當中即隱藏運動傷害的前兆。反過來說，如果身體沒有處在這些狀況下，應該就做得到才對。不過，如果心理狀態稍微恢復之後，表現卻不見好轉，可以試著抽血或針對患處進行磁振造影檢查。畢竟保護身體很重要。

編輯部　馬拉松季節在冬天才正式登場，跑者通常會遇到寒冷或風雨這些比較難熬的狀況，有沒有在這種時候還能跑出好成績的訣竅呢？

川內　不怕在寒冷或風雨中跑步，這個信念一直都存在我的內心深處。而最終之所以能跑出好成績，一方面是自信，但很大原因也是「一下雨就覺得今天沒問題」的心態。實際上，身體也是這樣想的。就像是當其他選手紛紛因為下雨埋怨，只有自己在心裡大喊：「太好了！」我跑波士頓馬拉松時也是這樣想的。

諏訪　在不跑步的人眼中，可能搞不清楚在雨中跑步的人到底在想什麼。我自己也被太太阻止過。

「在雨中跑步可以找回自己的節奏」「在雨中比賽能讓自己變得更強」，像這樣去理解自身的狀況，說不定就能成為和川內選手一樣強大的跑者。

命運共同體

編輯部　如此說來，心理狀態確實非常關鍵。對於一些抱著「無法鞭策自己」「不如放棄在比賽終盤達成目標吧」等想法的市民跑者，有沒有什麼建議？

川內　參加過幾場賽事，結識了更多達成自己目標的優秀跑者之後，每當我更接近他們，就會想：「雖然現在很辛苦，但能和那些人並肩一起跑，就算是達成自己的目標了」。練習時也一樣，和跑友間的競爭感，可以讓自己發揮超出原本的實力。在扎實的訓練之外，決定結果的關鍵還是心理狀態。我認為，身旁有認識的跑友一起努力很重要。

諏訪　確實如此。我平常幾乎都是自己一個人練習，因此非常享受比賽中集團跑的樂趣。集團跑的時候，會不自覺和周遭選手形成一種夥伴意識，就像身處同一隊伍般一起努力，相當激勵人心呢！以我的實力來說，我不是看排名，自己的紀錄更重要，而身處同一集團的選手真的給我一種命運共同體的感覺。我想也是這樣的心情直接影響了結果吧。

川內　命運共同體說得太好了。這也是前幾名跑者在前半段的感覺吧。前半段時，一旦有選手補水時失誤，選手間彼此會幫忙傳遞水杯；相反的，如果連這點餘裕也沒有，前半場過度緊繃，也很難從集團中跑出好成績。

預防感冒和受傷

編輯部　想再請您們分享如何進行身體管理。成為職業跑者之後，練習量想必大幅提升，也會參加更多國際賽事，是否有預防感冒或調整身體狀況的妙招呢？

川內　在預防感冒上，基本上就是什麼都吃，確實攝取各種營養。但是我一旦吃到含有興奮劑成分的感冒藥，問題就大了，因此平常得很小心避免感冒。我現在家裡會使用空氣清淨機，多少能防範病毒。不過，今年也許因為身體比較累，加上去沒有空氣清淨機的地方比賽，後來就感冒了。這種情形也要格外留意。至於預防受傷方面，我是以針灸治療和溫泉的交替浴為主。比賽或高強度訓練結束之後，我會去泡湯，輪流進入冷水、溫泉、冷水、溫泉，最後是冷水，這是大致一定要進行的流程。我還在當公務員的時候，為了不讓身體累積疲勞，會在凌晨十二點左右去家附近泡湯，也真的能澈底消除疲勞。

諏訪　交替浴確實很有效。感冒也和跑步傷害一樣，關鍵都在於「前期預防」。包括川內選手在內的許多職業跑者，一旦在重要賽事時感冒，至今的辛苦練習等同化為泡影，所以更要重視戴口罩、空氣清淨機和自身的飲食習慣。不過，這並不表示飲食上只需要大量攝取蛋白質。馬拉松跑者當中，進行飲食控制的人相當多，然而一味極度限制醣類攝取，反倒會導致體重和免疫力雙雙下滑。我認為，在日常中維持均衡飲食就好。

川內　關於這一點，我也有相當深的體會。「這點痛交替浴治得好嗎」「已經出現強烈的疼痛感，非上醫院治療不行了嗎」，我會像這樣，一一關注身體發出的ＳＯＳ訊號。基本上，我們可以透過自己的身體感覺，聽見身體所發出的聲音。無視身體的聲音沒關係嗎？如果什麼都不做，大概只會讓傷勢變得更嚴重吧。必須抱著「絕不能拖到以後再處理」的心態，如此一來，就算偶爾受傷，也不會因此累積慢性傷害，也才能像現在這樣，不管是招待選手或來賓選手都能全部出賽。

飲食上要注意的事

編輯部　談到飲食習慣，以賽前飲食來說，是否須要減少攝取哪些種類的食物？比賽當天又須要吃哪些食物呢？

川內　我在高中時期曾進行肝醣超補法，也就是「一開始限制攝取碳水化合物，最後一口氣吃很多」的飲食法。年輕時這樣吃還可以，但突然大量攝取碳水化合物，體重也會一口氣暴增。我現在比賽前一天只吃咖哩，即使吃很多，體重也不會增加，這已經成了習慣。當然，我想還是有些人適合，那麼不妨在目標賽事之前，先透過小型比賽或重點練習，嘗試看看自己到底適合哪一種飲食方式。

諏訪　關於肝醣超補法，正如同川內選手所說的，會導致體重增加。身體攝取糖分的同時會與水結合，很容易就多出個二～三公斤，對於不習慣的跑者來說，可能會有身體忽然變沉重了的感覺。我如果星期日有比賽，星期四之前會維持正常飲食，星期五晚上再開始讓自己有「今天吃得多了一點」的感覺。賽前一天的星期六則是刻意減少配菜，增加攝取碳水化合物。極端的飲食變化會對健康造成風險，千萬不要勉強實行比較好。

編輯部　比賽當天早上有哪些要注意的事？

川內　比賽當天早上，基本上不吃蔬菜或喝牛奶。我常受肚子痛困擾，所以從高中開始，比賽的早上都這麼做。當時大多以白飯、醃梅子和味噌湯搭配鹽烤鮭魚，現在常飛到國外比賽，白飯就變成麵包，但還是不吃蔬菜，基本上以碳水化合物、蛋白質為主，還會吃香蕉。

諏訪　我也不吃蔬菜，而是以一般的日式料理為主。當天如果只攝取相當少量的食物纖維，應該不至於引起腹痛。但如果真的不痛，我可能反而會有點驚訝。不過我並不建議各位冒險行事，所以還是攝取不容易造成腸胃負擔的食物，例如碳水化合物等就好。前往較遠地點比賽時，我認為要以便利超商等容易取得並習慣的食物為主，普通的點心蛋糕或飯糰都可以。香蕉當然是很棒的選擇，可以補充鉀，又能快速轉換成能量，我在比賽前也常吃香蕉。

川內　如同諏訪醫師所說，去遠地比賽的飲食很重要。我也只吃超商或超市的食物。但如果到了當地，找不到原本預計要吃的食物時，心情會稍微受到影響。姑且說起來，也就是要習慣吃即使在國外也吃得到的食物。如果是國外不好買到的食物，例如納豆，就要盡量避免。

諏訪　我一旦決定「就這麼做了」，就不想浪費無謂的心思在其他事情上。若是在國外比賽，水質狀況自然視地點而定，所以不建議吃需要水洗的蔬菜等食物。香蕉只要剝去外皮就能食用，麵包則建議烤過或加熱後再吃比較安心。

「不受傷且愉快地繼續享受跑步」

編輯部　最後有沒有什麼話，想傳達給同樣身為市民跑者的讀者們？

川內　我認為，不受傷且愉快地享受跑步這件事是最重要的。經常有小學生問我：「怎麼做才能愈跑愈快？」我的回答是：「不受傷且愉快地持續練習。」要從Sub 3.5到Sub 3，除了持續練習，適度跑坡和比賽，就能達到高質量的成長。而無法達成的人有很多原因，例如無法持續練習、設定不當的配速、休息時間太長或是慢性疲勞導致。實際上，包括我的母親在內，我周圍的人大多是透過這樣的練習來達到接近三小時半的時間。

諏訪　果然，「持續下去」真的很重要，而且在累積了充分的練習之後，速度應該也能按比例成長。不過，人們無法持續練習的原因很多，從心理層面到跑步傷害都是。我認為，跑者在面臨這些狀況時，懂得如何自我調整、自律管理才是最重要的。

後記

馬拉松競技就像人生的縮影。在一天又一天微小的累積之下，才能形塑成為今天的自己。而正因為過程中存在太多難以預料的狀況，也讓許多人為這「宛如現實人生般嚴苛的」運動所深深著迷。

練習也好、比賽也好，自制力都是必要的。三分鐘熱度的人會被淘汰，留下來的都是克己且認真的人，而當中，不少人也就此沉浸在馬拉松跑者的世界中。跑者的圈子很大，彼此間會因親近產生夥伴意識，也可能孕育出珍貴的友情。

不過，無論是誰，都想要了解簡單提升實力的方法吧，例如「打不起精神練習，但難得可以參賽，想要跑完全程」「太忙沒辦法經常練習，但想要跑進Sub 3」諸如此類的狀況。

從我自己的親身經驗，以及觀察我身旁的跑友，能達成目標的跑者一定都進行了相應的練習，幾乎沒有輕鬆練習就能一口氣成長的跑者。愈努力練習，實力就愈強。若無法達到目標，一定是哪裡還做得不夠，包括練習量不足、練習方式不對，可能的原因非常多。

成長的速度因人而異，而唯一能確信的是，持續努力就能一步步接近你的目標或夢想。但如果你放棄了，成長也就此停止了。因此，就算只是慢慢地也好，不間斷的練習很重要。持續且扎實的練習，並經由練習和比賽累積成功的經驗，獲得更多自信。一旦克服了失敗的經驗，那些都將轉化為你真正的實力。

有時我也會感到疲倦或難以集中精神，那時，能驅動自己的唯有自己、家人和身旁的人。當然，練習是自己的，只有自我訓練才能縮短紀錄。但是，要達成目標並非光憑自我犧牲的精神。而我也絕不會忘記，正是那些我一直懷抱「感謝之情」的各種援助，成為持續朝目標前進的原動力。

我要感謝父母親讓我擁有足以跑完馬拉松全程的健康身體；感謝妻子從不抱怨（否則也許就放棄了）每天清晨四點，天還沒亮就外出練習的我，還為我準備營養的餐點；感謝前來會場為我加油打氣，並共享喜悅的親友。馬拉松常被說是孤獨的競技，但其實並非如此。每當我回顧起我的馬拉松人生，腦海中浮現的都是夥伴。

如今雖然因為受傷不能跑，還是滿足並期待著，未來能和二〇一七年出生的兒子一起跑步，為此，我正持續努力復健中。我是因為交通事故受的傷，為了幫助許多儘管原因不同、卻飽受跑步傷害困擾的選手，而開啟了田徑運動員專科門診，也正是那些克服傷害後回歸，並持續活躍於賽道的選手，帶給了我極大的鼓勵。

「為了感謝一直以來支持我的人們，我正在慢慢地康復中。」

這也是促使我撰寫這本書最強大的理由。

我曾經為跑步相關雜誌、電視節目、廣播等媒體撰稿及接受訪問，卻是第一次動筆寫書。

最後，我要向在寫稿和出版上給予我幫助的大和書房林陽一先生、撥冗與我對談的職業跑者川內優輝選手，以及相關人士致上最誠摯的感謝。

諏訪通久

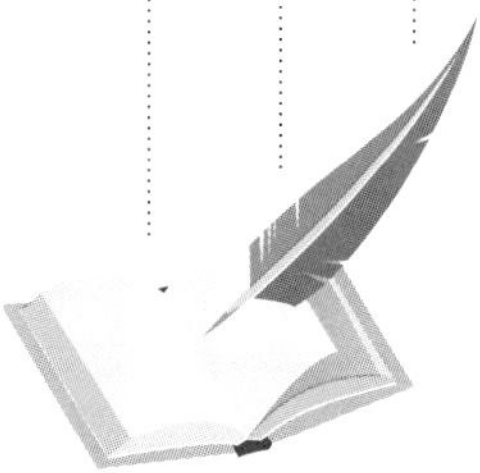

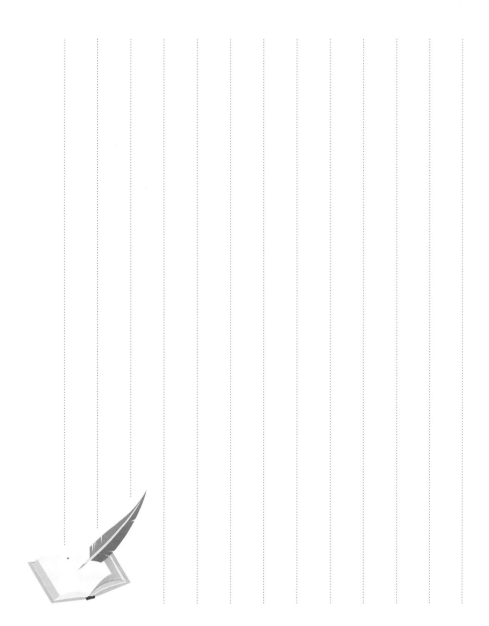

Note

國家圖書館出版品預行編目(CIP)資料

跑出你的最佳速度：馬拉松醫師教你成為最強市民跑者/諏訪通久作；周奕君譯. -- 初版. -- 新北市：世茂出版有限公司, 2021.12
面；　公分. -- (生活健康；B496)
ISBN 978-986-5408-68-8(平裝)
1.馬拉松賽跑 2.運動訓練
528.9468　　110016008

生活健康 B496

跑出你的最佳速度：馬拉松醫師教你成為最強市民跑者

作　　者／諏訪通久
譯　　者／周奕君
主　　編／楊鈺儀
責任編輯／陳怡君
封面設計／Chun-Rou Wang
出 版 者／世茂出版有限公司
地　　址／(231)新北市新店區民生路19號5樓
電　　話／(02)2218-3277
傳　　真／(02)2218-3239（訂書專線）單次郵購總金額未滿500元（含），請加80元掛號費
劃撥帳號／19911841
戶　　名／世茂出版有限公司
世茂網站／www.coolbooks.com.tw
排版製版／辰皓國際出版製作有限公司
印　　刷／傳興彩色印刷股份有限公司
初版一刷／2021年12月
　　三刷／2024年8月

ＩＳＢＮ／978-986-5408-68-8
定　　價／360元